W9-AUO-400

Des conseils pour bien écrire

Réfléchis à ton texte.

- Demande-toi pourquoi tu écris.
- Explore ton sujet.
- Rappelle-toi ce que tu sais déjà sur le sujet.

Mets tes idées en mots, écris ton texte et révise-le.

- Mets tes idées en ordre et organise tes phrases.
- Orthographie les mots du mieux que tu le peux.
- Rappelle-toi les règles d'accord des mots.
- Relis souvent ton texte pendant que tu écris.
- Joue avec tes phrases et avec tes mots.
- Révise ton texte en demandant de l'aide au besoin.

Corrige ton texte et diffuse-le.

- Corrige tes phrases et vérifie la ponctuation.
- Vérifie l'orthographe des mots et vérifie les accords.
- Fais une mise en pages appropriée.

Des conseils pour bien lire

Avant de lire

- Demande-toi pourquoi tu lis.
- Survole ton texte. Essaie de prévoir son contenu.
- Sers-toi de ce que tu sais déjà.

Pendant que tu lis

- Rappelle-toi les stratégies pour mieux lire les mots.
- Arrête-toi de temps en temps pour t'assurer que tu comprends ce que tu lis.
- Dégage l'idée importante dans chaque paragraphe.
- Si tu lis une histoire, essaie de prévoir la suite au fur et à mesure que tu lis.
- Si tu lis un texte d'information, rappelle-toi bien ce que tu cherches pour sélectionner les bonnes informations.
- Fais des liens entre les mots d'une phrase ou entre deux phrases.

Après avoir lu

- Rappelle-toi l'histoire que tu as lue.
- Si tu as lu un texte d'information, vérifie si tu as trouvé ce que tu cherchais.
- Si tu fais une recherche, organise l'information que tu as sélectionnée. Prépare-toi à la diffuser.
- S'il y a lieu, réponds aux consignes et aux questions.

JOHANNE FRAPET
ISABELLE PÉLADEAU
LISETTE SAINT-PIERRE

MODULO

Nous reconnaissons l'aide financière du gouvernement du Canada par l'entremise du Programme d'Aide au Développement de l'Industrie de l'Édition (PADIÉ) pour nos activités d'édition.

Gouvernement du Québec – Programme de crédit d'impôt pour l'édition de livres – Gestion SODEC.

Chargé de projet: André Payette

Direction artistique, conception graphique et montage: Lise Marceau, Nicole Tétreault

Typographie: Carole Deslandes

Maquette/couverture: Marguerite Gouin

Recherche (photos): Kathleen Beaumont

Révision: André Payette, Monique Tanguay, Marie Théorêt (révision linguistique), Dolène Schmidt (révision des contenus grammaticaux), Nathalie Liao (révision scientifique)

Correction d'épreuves: Manon Lewis, Monique Tanguay, Marie Théorêt

Textes: Kathleen Beaumont: p. 126-127, 136-138; Guillaume Forget: p. 6-10, 20, 81-83, 88, 89-91, 97, 98-99; Yolande Gingras: p. 11, 16-19, 28-29, 52-53, 58-59, 84-85, 172-173; Pierre Gouin: p. 122-125; Jacinthe Lavoie: p. 12; Nathalie Liao: p. 64-65, 156-157; Claude Morin: p. 148-151, 158-162; Michèle Morin: p. 12; André Payette: p. 1-2, 4-5, 26-27, 30-32, 41-42, 54-57, 79-80, 92, 115-121, 138, 147, 175-180; Marie Théorêt: p. 14-15, 21-25, 33-36, 47-49, 50-51, 62-63, 69, 70-71, 100-101, 107, 108-110, 128-130, 132-135, 139-142, 152, 153-155 (adapt.), 163-166, 174

Illustrations: Stéphan Arch: p. 66-69, 93-97; Jean-Pierre Beaulieu: p. 14, 101, 104-107, 117; Fanny Bouchard: p. 20, 33-36, 139-142, 169-171; Manon Boulais: p. 63; Monique Chaussé: p. 6-10, 15, 25, 30-31, 43-46, 50-51, 56-57, 81-83, 117-121, 152, 168, 172, 173, 175-177, 179; Marc Delafontaine: couverture, pages de garde, p. 1-2, 37-42, 75-80, 111-116, 143-147, 181-184 (encrage: Denis Grenier; couleur: Maryse Dubuc); Marie-Claude Favreau: p. 13, 16-18, 26, 58-59, 61, 70, 72-74; Marie Lafrance: p. 4-5, 47-49, 92, 131, 135, 153-155; Olena Lytvyn: p. 122; Céline Malépart: p. 3, 21-23, 32, 60, 86-88, 128-130, 148; Diane Mongeau: p. 89, 108-110; Carole Péloquin: p. 88; Bruno St-Aubin: p. 69, 71, 89, 117; Anne Villeneuve: p. 91, 122-125

Photos: Albright-Knox Art Gallery, Buffalo, New York (Kandinsky): p. 162; Archives nationales du Canada: p. 57 (MG18-C12), p. 126 (C-0031-62), p. 138 (C-016336), p. 175 (C-22124); Assemblée nationale du Québec: p. 92; Australian High Commission (ornithorynque): p. 10; Gisèle Benoît: p. 16; Bibliothèque nationale de France: p. 89, 90, 91; Bibliothèque nationale du Québec: p. 55, 163, 164; Biodôme de Montréal: p. 16; Brasserie du Cheval Blanc: p. 28; Martin Chamberland: p. 132-133; Cinema Collectors: p. 99; Collection du Musée de Charlevoix: p. 166; Fédération des coopératives du Nouveau-Québec: p. 12; Sylvain Forest: p. 11; Graphic Art Collection, National Museum of American History, Smithsonian Institution, photo n° 91-6446: p. 98; Gutenberg-Museum (cosmographie de Ptolémée, Bible à 42 lignes): p. 89; J. Lathion © Nasjonalgalleriet, Oslo (Munch): p. 159; Maison de la Culture de l'Arrondissement de Dinant: p. 102-103; MAPAQ, service de la photographie: p. 176; Odile Martinez: p. 58-59; Médiathèque du Jardin botanique de Montréal: p. 50-51; Musée canadien des civilisations: p. 84 (S95-25631, S96-6326), 85 (S93-7589, S97-2946), 127 (S-96-5852, sifflet), 173 (S96-4649); Musée Château Ramezay: p. 126 (hochet), 173 (panier); Musée David M. Stewart: p. 54, 55, 64, 127, 136, 137, 138; Musée de la civilisation du Québec: p. 25 (estampe n° 1993.22724), p. 127 (flûte, n° 65-425, et tambour, n° 74-662), p. 172 (wampum, n° 1992.1289), p. 179 (Défense de Québec par Mr. de Frontenac 1690, n° 1993.23296), p. 180 (Mgr. François de Laval. Pierre Soulard photographe n° 1995.3480); © Musée des arts et métiers, CNAM, Paris: p. 90 (photo Studio CNAM), p. 91 (photo P. Falignot/Seventh Square); Musée des Hospitalières de Montréal: p. 64, 65; Musée du Prado, Madrid (Vélasquez): p. 151; Musée Marguerite Bourgeoys (Sr Ste-Marthe-de-Béthanie, CND): p. 24, 65; Museum of Paleonthology, University of California Berkeley: p. 9; NOAA: p. 29 (méduse); Office de la propriété intellectuelle du Canada: p. 97; Michel Papageorges: p. 29; Phoenix Zoo: p. 19; Photothèque du Musée de la monnaie de Paris: p. 83 (Créséide. Lydie, VIᵉ siècle av. J.-C.); Parc Jean Drapeau, photo de Paul Csukassy: p. 132-133; Photothèque du Musée des beaux-arts de Montréal: p. 52, 163, 164 (© Succession Ozias Leduc/Sodrac, Montréal, 2001), p. 165; Société de développement des entreprises culturelles du Québec: p. 174; Société du patrimoine de St-Hyacinthe: p. 172 (pipe); Société zoologique de Granby: p. 17; Société zoologique de Québec: p. 29 (ibis); Statens Museum for Kunst, Copenhague (Matisse): p. 160; Succession Yvonne Bolduc: p. 166; The Library of Congress: p. 90; The Museum of Modern Art, New York, Mrs. David M. Levy Bequest. Photo © 1996 (Picasso): p. 161; Württembergische Landesbibliothek Stuttgart, 2'28, 81 V (Annonciation): p. 151

Ankor
(Manuel C)

© Modulo Éditeur, 2001
233, av. Dunbar, bureau 300
Mont-Royal (Québec)
Canada   H3P 2H4
Téléphone: (514) 738-9818 / 1-888-738-9818
Télécopieur: (514) 738-5838 / 1-888-273-5247
Site Internet: www.modulo.ca

Dépôt légal — Bibliothèque nationale du Québec, 2001
Bibliothèque nationale du Canada, 2001
ISBN 2-89113-**852**-X

Il est interdit de reproduire ce livre en tout ou en partie, par n'importe quel procédé, sans l'autorisation de la maison d'édition ou d'une société dûment mandatée.

Imprimé au Canada
2 3 4 5   05 04 03 02

Table des matières

Thème 11

Biosphère

Épisode 11 Germination	1
L'escargot / La rose	3
La création du monde	4
La vie animale : une longue histoire	6
Deux artistes animaliers	11
La grenouille	13
La chaîne alimentaire	14
Prédateurs et proies	16
Hardi hérisson	20
Le crocodile	21
Les animaux domestiques au début de la colonie	24
Animaux et habitats	26
Animaux en voie d'extinction	28
La terre mère	30
Le premier tamia rayé	33

Pages grammaticales : Réviser la construction des phrases, 37; Pour bien accorder les verbes, 38; Des constructions du groupe du nom, 39; Les verbes réguliers en *er*, 39; Les propriétés des déterminants, 40

Thème 12

Les masques

Épisode 12 Les masques totémiques	41
Le vrai visage d'Albertine	43
La légende des fausses faces	47
Les plantes médicinales	50
Les masques	52
Les guerres iroquoises	54
L'origine de l'Halloween	58
Fantasmagories	60
Au bal masqué	61
À vos déguisements!	62
Jeanne Mance, l'ange de la colonie	64
Nuit noire	66
Un théâtre d'ombres	70
Une sorcière trop gourmande	72

Pages grammaticales : Le temps des verbes, 74; Des points à la fin des phrases, 75; Le présent de l'indicatif, 76; Terminaisons de la 1re conjugaison / Verbes en *er*, 76; Terminaisons de la 2e conjugaison / Verbes en *ir*, *re* et *oir*, 77; Quelques remarques, 77; Les verbes réguliers en *ir*, 77; Consulter un dictionnaire, 78

Thème 13

Des idées géniales

Épisode 13 Les pierres bleues	79
Les grandes inventions	81
Des inventions amérindiennes	84

Le piano-scaphandre	86
Des inventeurs de génie	89
Vantardises	92
La Dagonite de Dago Dargaud	93
Le génie au féminin	98
Léonard de Vinci	100
Adolphe Sax	102
Le bidule	104
Une aventure de Tom Sawyer	108

Pages grammaticales : Le passé composé, 111 ; L'interrogation en question, 112 ; Le participe passé avec l'auxiliaire être, 113 ; Dégager le sujet d'un paragraphe, 114 ; Terminaisons des verbes au présent de l'indicatif, 114

Thème 14 — Fêtes de lumière

Épisode 14 La symphonie	115
Dossier son et lumière	117
Les ondes	120
Les grandes familles d'instruments de musique	122
Musique amérindienne	126
Le vieux réverbère	128
Tambours	131
Les feux d'artifice	132
Sons et lumière pour Noël	134
Fêtes de partage	136
La petite fille aux allumettes	139

Pages grammaticales : À la recherche du sujet, 143 ; Les pronoms : des mots de substitution, 144 ; L'imparfait de l'indicatif, 144 ; Le pluriel en x des noms et adjectifs, 145 ; Le pluriel en x (suite), 146 ; Pour marquer la négation, 146

Thème 15 — Les arts

Épisode 15 Le musée	147
Un art vieux comme le monde	148
Le lion abattu par l'homme	152
La fresque	153
Les mathématiques se font une beauté	156
L'art moderne : la révolution de la couleur et de la forme	158
Mon pays, c'est l'hiver	163
Mon pays	167
Bia, François et le peintre	168
L'art amérindien	172
La Fresque des Québécois	174
Jean Talon	175
Frontenac, le sauveur	179

Pages grammaticales : Le futur simple, 181 ; Le futur proche, 182 ; L'adjectif participe, 182 ; D'autres façons d'éviter les répétitions, 183 ; La formation des mots, 184

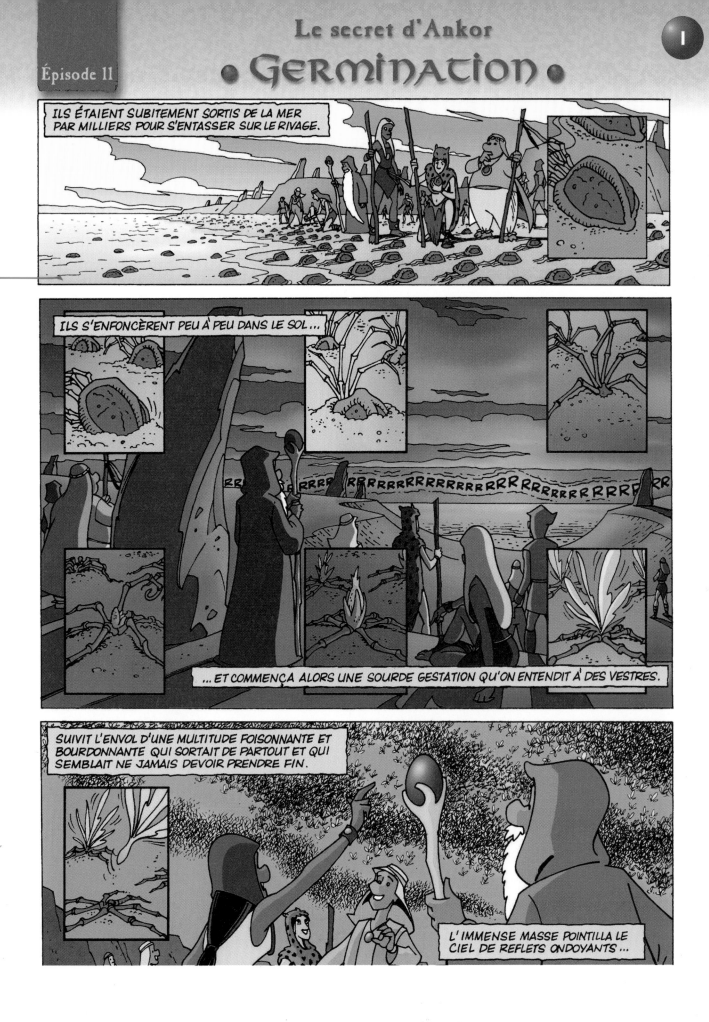

ILS ÉTAIENT SUBITEMENT SORTIS DE LA MER PAR MILLIERS POUR S'ENTASSER SUR LE RIVAGE.

ILS S'ENFONCÈRENT PEU À PEU DANS LE SOL...

...ET COMMENÇA ALORS UNE SOURDE GESTATION QU'ON ENTENDIT À DES VESTRES.

SUIVIT L'ENVOL D'UNE MULTITUDE FOISONNANTE ET BOURDONNANTE QUI SORTAIT DE PARTOUT ET QUI SEMBLAIT NE JAMAIS DEVOIR PRENDRE FIN.

L'IMMENSE MASSE POINTILLA LE CIEL DE REFLETS ONDOYANTS...

... PUIS SE FIGEA ET RETOMBA AU SOL COMME UNE NEIGE GERMINALE.

ISSUE DES EAUX, NOURRIE DE LA TERRE ET FERMENTÉE DANS L'AIR, LA SEMENCE S'ÉPANOUIT EN MILLE FORMES DE VIE, AVEC UNE INCROYABLE RAPIDITÉ.

ORBI-GOUK ET LES AUTRES CHEFS ÉTAIENT BIEN RÉSOLUS À EXPLORER LES RICHESSES D'UNE CONTRÉE AUSSI FÉCONDE. ILS DÉCIDÈRENT DE S'Y INSTALLER UN TRÈS LONG TEMPS.

L'escargot

Est-ce que le temps est beau ?
Se demandait l'escargot.
Car, pour moi, s'il faisait beau
C'est qu'il ferait vilain temps.
J'aime qu'il tombe de l'eau,
Voilà mon tempérament.

Combien de gens, et sans coquille,
N'aiment pas que le soleil brille.
Il est caché ? Il reviendra !
L'escargot ? On le mangera.

La rose

Rose rose, rose blanche,
Rose thé,
J'ai cueilli la rose en branche
Au soleil de l'été
Rose blanche, rose rose,
Rose d'or,
J'ai cueilli la rose éclose
Et son parfum m'endort

Robert DESNOS

(*Chantefables et chantefleurs*, Gründ)

Depuis des milliers d'années, les humains créent des légendes.
Lis cette belle légende africaine sur la création du monde.

La création du monde

Il y a très longtemps, le monde était très différent de ce qu'il est aujourd'hui.
Le jour, le Soleil régnait sur le monde. La nuit, il laissait son second, le puissant
Napi, veiller sur la Terre.

Une nuit, Napi s'amusa avec une motte d'argile qui prit entre ses doigts la forme
d'un animal. Trouvant cela intéressant, Napi façonna un deuxième animal, puis
un troisième, puis tous les animaux que nous connaissons aujourd'hui. Il laissa
sécher les figurines d'argile pendant quelques jours, puis souffla dessus pour leur
donner vie. Il attribua ensuite un territoire à chaque animal.

Comme il lui restait encore de l'argile, Napi façonna deux autres créatures.
L'argile prit la forme d'êtres humains. Napi était plutôt embêté. Il trouvait ces
créatures un peu étranges et il ne lui restait plus aucun territoire à donner.

«Vous, dit-il après réflexion, vous vivrez dans les arbres avec les singes, parce que
vous leur ressemblez. »

Après quelques semaines, Napi s'aperçut que les animaux qu'il avait créés étaient
très mécontents.

«De quoi vous plaignez-vous, ingrates créatures?» demanda-t-il aux animaux
qui s'étaient rassemblés.

Tour à tour, les animaux prirent la parole.

«Pourquoi m'avoir placée au bord du fleuve? demanda la girafe. Mes longues pattes fines s'enfoncent dans la boue. Je suis incapable de faire un pas !

— Pourquoi m'as-tu envoyé dans les montagnes? interrogea l'hippopotame. Hors de l'eau, je suis lourdaud et malhabile. Je ne peux pas me déplacer sur des rochers pointus et des pentes escarpées!

— Moi, tu m'as casée dans la savane, dit la chèvre. Ne vois-tu pas que mes sabots sont faits pour gravir les montagnes?

— Je n'ai rien à manger dans la prairie, se plaignit à son tour le crocodile. Regarde mes puissantes mâchoires et mes dents aiguisées. Je ne suis pas un mangeur d'herbe. Tu aurais dû le savoir!»

Voyant les erreurs qu'il avait faites, Napi attribua aussitôt de nouveaux territoires. Le crocodile et l'hippopotame allèrent au fleuve. La chèvre gagna les montagnes où elle put grimper à son aise. La girafe alla dans la savane et se délecta des feuilles des arbres les plus hauts. Et tous les autres animaux trouvèrent de la même façon un territoire où ils purent vivre heureux.

De tous les animaux, seuls les humains ne s'étaient pas plaints, et pour cause. Comme ils n'avaient pas de territoire vraiment à eux, ils descendirent vite des arbres et se répandirent dans tous les milieux.

Depuis ce temps-là, partout sur la terre, des humains racontent des histoires sur eux-mêmes et sur les animaux.

● Que penses-tu de cette légende?

● Que serait-il arrivé aux animaux si Napi avait refusé de leur attribuer d'autres territoires?

Depuis des centaines de millions d'années, les formes de vie évoluent sur notre planète. Lis ce texte pour en savoir plus sur cette longue histoire.

La vie animale : une longue histoire

Les premiers animaux

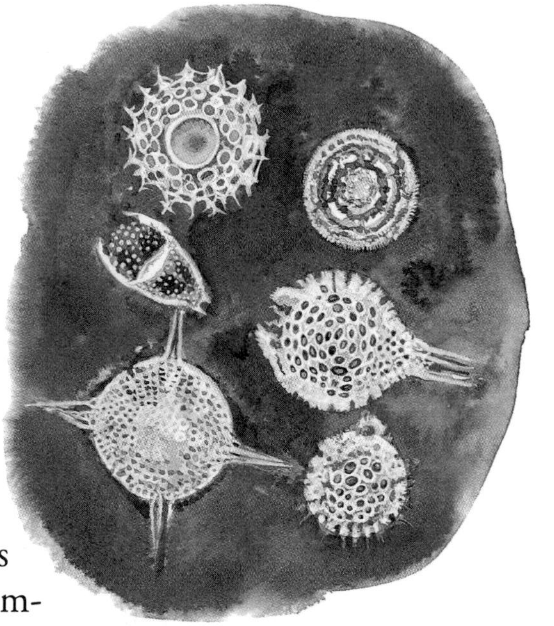

Les premières formes de vie sont apparues dans la mer, il y a plus d'un milliard d'années. Ces premiers êtres vivants étaient des protozoaires, des êtres très simples constitués d'une cellule unique, alors que l'être humain en contient des milliards. Tu peux en observer ci-contre.

Il y a 600 millions d'années, des êtres plus complexes comme les méduses, les vers et les étoiles de mer sont apparus. Des créatures articulées et des crustacés qui ressemblaient un peu aux homards sont arrivés peu après. Ces êtres partageaient tous un point commun : ils n'avaient pas de squelette. C'est pourquoi on leur a donné le nom d'« invertébrés ».

L'amibe

L'amibe est un exemple typique de protozoaire. C'est une simple cellule constituée d'une membrane qui contient une gelée visqueuse. Elle se déplace en formant des espèces de renflements de son corps mou. Pour manger, elle gonfle une poche dans sa membrane extérieure et encercle un morceau de nourriture qu'elle digère avec des substances chimiques appelées enzymes.

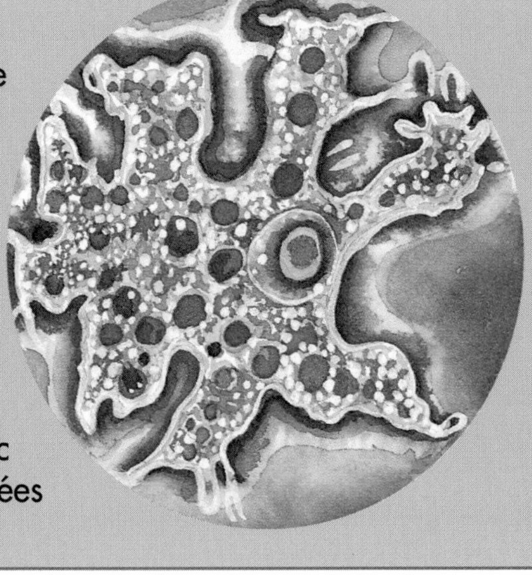

Les premiers poissons

Les poissons sont probablement apparus
il y a environ 500 millions d'années.
Ce sont les premiers «vertébrés», c'est-à-dire
les premiers animaux munis d'un squelette.
Ils ont développé avec le temps une sorte d'armure
très dure, mais ce poids supplémentaire les a entraînés
au fond de la mer. Au début, leur bouche était une
simple ouverture ronde sans mâchoires et ils se
nourrissaient en grattant le fond des mers.
Des espèces plus évoluées sont ensuite apparues. Dotées de mâchoires, elles pouvaient
manger d'autres poissons et
capturer leurs proies aussi bien en surface qu'au fond de l'eau.

De l'eau à la terre

L'étape suivante dans l'évolution fut le passage de l'eau à la terre ferme, il y a
environ 400 millions d'années. Cette étape a d'abord été franchie par des invertébrés : des scorpions de mer, des araignées, des mille-pattes et des blattes.

Les amphibiens ont été les premiers vertébrés à s'adapter à la vie terrestre. On ne
sait pas exactement à quoi ils ressemblaient. Toutefois, d'après les squelettes qu'on
a trouvés, on sait qu'ils pouvaient mesurer jusqu'à deux mètres. Ces animaux
possédaient à la fois des branchies et des poumons. Ils pouvaient donc respirer
aussi bien dans l'eau que sur la terre. Mais à cause de leur peau fragile,
les amphibiens passaient beaucoup plus de temps dans l'eau.
L'amphibien actuel le plus connu est la grenouille,
dont les têtards naissent dans l'eau et ressemblent
à de petits poissons.

L'âge des reptiles

Même si les amphibiens pouvaient vivre sur la terre ferme, ils devaient toujours retourner dans l'eau pour y pondre leurs œufs. Cependant, il y a environ 350 millions d'années, certains amphibiens ont évolué pour devenir des reptiles, les premiers animaux réellement terrestres. Les reptiles avaient une peau plus épaisse et plus dure que celle des amphibiens. Et les œufs qu'ils pondaient avaient une coquille dure. Ainsi, mieux protégés, leurs petits pouvaient naître sur la terre. À la naissance, ils ne ressemblaient pas à des poissons, comme les têtards. Ils étaient des versions miniatures de leurs parents. Les premiers reptiles sont les ancêtres de nos lézards, serpents, crocodiles et tortues. La période des reptiles dura plus de 225 millions d'années et produisit notamment les dinosaures, les plus extraordinaires animaux que la terre ait jamais portés.

Les dinosaures

Les dinosaures ont pendant longtemps dominé la terre. Si certains étaient aussi petits qu'un chat, les plus gigantesques n'ont jamais été égalés en grosseur par un autre animal sur terre. Les stégosaures étaient des herbivores lents et lourds. D'autres, comme le troodon (ci-contre), étaient des carnivores qui couraient sur leurs pattes arrière et qui attrapaient leurs proies avec leurs pattes avant. Leur disparition reste encore mystérieuse, même si on pense aujourd'hui qu'elle est probablement attribuable à une catastrophe naturelle.

À la conquête de l'air

Vers la même époque, un groupe de reptiles commença à voler dans les airs. Ces reptiles n'avaient pas de plumes, mais possédaient de grandes ailes faites d'une membrane semblable à de la peau, comme nos chauves-souris actuelles. Leur corps était recouvert de poils. Les os de ces reptiles volants étaient creux, ce qui les rendait encore plus légers. Certains se nourrissaient de poissons et une espèce peu commune utilisait son bec en forme de passoire pour récolter les minuscules créatures flottant à la surface des eaux. Les plus petits, qui avaient la taille d'un moineau, mangeaient des insectes. On estime que les ailes du plus grand d'entre eux mesuraient 15 mètres d'un bout à l'autre.

Les premiers oiseaux

L'un des premiers oiseaux est un fossile connu sous le nom d'archéoptéryx. Son squelette ressemblait beaucoup à celui de certains petits dinosaures qui marchaient sur leurs pattes arrière. L'archéoptéryx possédait des plumes et certaines caractéristiques de l'oiseau, mais il avait encore les dents de ses ancêtres reptiles.

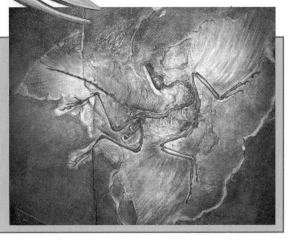

Le règne des mammifères

Les premiers mammifères, la famille des animaux qui allaitent leurs petits, sont apparus sur la terre il y a environ 200 millions d'années. La plupart de ces petits animaux nocturnes n'étaient pas plus gros que des souris. Comme ils avaient le sang chaud, ils pouvaient se déplacer et se nourrir dans la fraîcheur de la nuit, pendant que les dinosaures étaient sans doute moins actifs. Lorsque les dinosaures ont disparu de la planète, les mammifères ont alors pu se développer et se diversifier en de nombreuses espèces, dont la nôtre.

Trois types de mammifères

Il existe trois types de mammifères. Les placentaires forment le groupe le plus important. C'est à ce groupe qu'appartiennent les humains. Leurs petits se développent dans le ventre de la mère et sont nourris par un organe spécifique, le placenta. Un deuxième groupe, les marsupiaux, donne naissance à des êtres minuscules qui finissent de se développer dans une poche ventrale de la mère, tel le wallaby (ci-contre). Quant aux monotrèmes, ils pondent des œufs comme leurs ancêtres reptiles, mais les petits se nourrissent de lait après l'éclosion pour terminer leur développement. L'ornithorynque (ci-contre) et l'échidné sont des monotrèmes.

● Qu'as-tu appris d'étonnant sur l'évolution du règne animal ?

● Qu'aimerais-tu savoir de plus ?

Lis ce texte qui te présente le travail de deux artistes fous des animaux !

Deux artistes animaliers

Sylvain Forest et ses sculptures ailées

Parce qu'il aime travailler le bois et qu'il adore les oiseaux, Sylvain Forest a sculpté près de 550 pièces d'oiseaux nord-américains depuis 15 ans. Selon lui, un sculpteur animalier doit être un habile observateur, avoir le souci du détail et faire preuve d'une grande patience.

Sylvain Forest aime se promener dans les bois ou dans les zoos pour observer et photographier les oiseaux. Il s'inspire également des scènes qu'il voit dans la campagne où il habite.

Avant d'entreprendre un travail de sculpture, il consulte des livres pour étudier les habitudes de vie de l'espèce, puis il dessine l'oiseau sur la pièce de bois à sculpter. Il choisit une essence d'arbre facile à travailler, le plus souvent le tilleul.

Sylvain dégrossit la pièce de bois en utilisant d'abord des gouges larges (des ciseaux à sculpter), puis de plus étroites, et il termine la sculpture à l'aide d'une fraise de dentiste ou d'un pyrograveur. Des mains du sculpteur, un bel oiseau prend forme. Très souvent, Sylvain peint l'oiseau sculpté selon les couleurs de l'espèce. Plusieurs sculptures de l'artiste se trouvent dans des galeries d'art ou chez des collectionneurs du Canada.

Gisèle Benoît, peintre animalière

Gisèle Benoît se rappelle que, toute petite, elle aimait regarder sa mère peindre des animaux. Elle aussi avait la passion de la nature et des animaux. Bientôt, Gisèle se mit à dessiner son chien et son chat et à retravailler ses dessins pour qu'ils soient toujours mieux faits.

Aujourd'hui, Gisèle passe de longs mois en forêt à tourner des films sur la nature et à observer les animaux. Elle veut comprendre leurs mœurs et communiquer avec eux. Elle dit que, tout comme eux, elle fait partie de la nature.

● Représente un animal et son écosystème en utilisant des éléments naturels.

L'art inuit

Les Inuits font des sculptures avec toutes sortes de matériaux. Ils utilisent de la pierre de différentes couleurs, de l'ivoire, des os, des cornes de bœuf musqué et des bois de caribou.

Les artistes inuits n'apprennent pas à faire leurs sculptures à l'école. Ils apprennent en regardant les adultes sculpter et en observant la nature.

L'art des Inuits représente souvent les héros de leurs légendes. Ces héros sont parfois des humains, parfois des animaux comme des ours polaires, des narvals, des morses et des hiboux. Plusieurs artistes inuits sont célèbres dans le monde entier.

La grenouille

Une grenouille
Qui fait surface
Ça crie, ça grouille
Et ça agace.

Ça se barbouille,
Ça se prélasse,
Ça tripatouille
Dans la mélasse,

Puis ça rêvasse
Et ça coasse
Comme une contrebasse
Qui a la corde lasse.

Mais pour un héron à échasses,
Une grenouille grêle ou grasse
Qui se brochette ou se picore,
Ce n'est qu'un sandwich à ressorts.

Pierre CORAN
(© Hachette Livre)

Dans le vieil étang
Une grenouille saute
Un ploc dans l'eau !

BASHÔ
(Anthologie de la poésie japonaise,
© Éditions Gallimard)

Lis ce texte pour mieux comprendre l'importante notion de chaîne alimentaire en écologie.

La chaîne alimentaire

Imagine-toi la scène suivante. Il fait beau. Un plant de laitue emmagasine l'énergie du soleil et tire, de la terre où il pousse, de l'eau et des éléments nutritifs. Dans la laitue, une chenille dodue mastique une feuille avec application. Soudain, un moineau vient capturer la gourmande. Occupé à avaler son copieux repas, l'oiseau imprudent se retrouve entre les crocs d'un chat affamé. Mais voilà que le vieux félin s'étouffe et trépasse. Dans les jours qui suivent, son corps se décompose rapidement, rongé du dedans par des vers, des insectes, des bactéries et de minuscules champignons présents dans le sol... Et d'autres plants de laitue se mettent à pousser en se nourrissant des rayons du soleil et des nutriments du sol provenant de la décomposition.

Ce court scénario montre bien que les êtres vivants, animaux et végétaux, se nourrissent les uns des autres. Ils forment une chaîne où proies et prédateurs entretiennent une relation alimentaire. C'est ce qu'on appelle la chaîne alimentaire.

Les plantes forment le premier maillon de la chaîne alimentaire. Les insectes et les animaux qui se nourrissent des végétaux sont appelés des herbivores. Ils forment le deuxième maillon de la chaîne alimentaire. Les animaux insectivores capturent à leur tour les insectes. Quant aux carnivores, les mangeurs de viande, ils chassent d'autres animaux moins féroces qu'eux, les mammifères herbivores par exemple.

Le dernier maillon de la chaîne alimentaire regroupe les êtres vivants qui ont pour fonction de recycler les déchets et les cadavres des autres organismes. Comme on l'a vu, il s'agit de bactéries, de champignons, d'insectes et de vers. Mais on trouve aussi dans cette catégorie des oiseaux rapaces ou des poissons vidangeurs. Ces derniers s'alimentent en partie des excréments de leurs semblables!

Charognard

Carnivores

Herbivores

Plantes

La chaîne alimentaire est plutôt complexe, car beaucoup d'animaux sont à la fois herbivores et carnivores. On les appelle alors omnivores, mot qui signifie «qui mange de tout». Par exemple, même si le renard mange de petits animaux comme des lièvres, il grignote aussi de petits fruits sauvages. Le renard est donc un omnivore, tout comme les humains. De plus, le prédateur d'une espèce dans la chaîne alimentaire est souvent la proie d'une autre espèce. Ainsi, dans notre exemple du début, le moineau était à la fois le prédateur de la chenille et la proie du chat.

«Rien ne se perd, rien ne se crée, tout se transforme», disent les scientifiques. La chaîne alimentaire démontre bien ce grand principe.

● Illustre la chaîne alimentaire dans un écosystème de ton choix.

Lis ce texte qui te convaincra sûrement
que la vie animale n'est pas toujours facile.

Prédateurs et proies

Le corps humain ne présente pas d'armes
d'attaque ni de défense très fiables comme
celles de plusieurs animaux. Aussi nos lointains ancêtres ont-ils appris à construire des
abris pour se protéger et à confectionner des
armes pour chasser leurs proies. Au fil du temps,
l'être humain est devenu le prédateur le plus
efficace de la planète, ce qui constitue
d'ailleurs une grave menace pour plusieurs
espèces animales.

Dans le monde animal, la notion de prédateurs et de proies est très importante. Le prédateur est l'espèce qui attaque, habituellement
pour sa subsistance, et la proie est celle qui
subit l'attaque. Chaque animal lutte pour sa
survie. Tu as sans doute déjà observé le compor-
tement d'un chat, si mignon soit-il, prêt à attaquer un charmant oiseau. Que
de ruse il met en œuvre! Il est fascinant de constater que l'ingéniosité dont font
preuve les prédateurs pour attraper leurs proies est aussi grande que celle déployée
par leurs proies pour leur échapper. Voici à cet égard quatre cas fascinants.

Pas fou, le gorfou

Le gorfou sauteur est un manchot mesurant environ 50 centimètres qui vit
notamment aux îles Malouines, près de l'Argentine. Avec ses congénères, il a

l'habitude de s'installer allègrement sur les falaises et les
rochers, au bord de la mer. Vivant en collectivité, les gorfous
sauteurs s'appuient sur leur grand nombre pour assurer leur
défense. Devant un éventuel danger, ils se blottissent les uns
contre les autres. Par exemple, quand les stercoraires, des
mouettes voraces, tournent au-dessus de la colonie, les
gorfous s'unissent pour les repousser avec leurs milliers de
becs tournés vers le ciel. Nos prédateurs se retrouvent ainsi
au-dessus d'une planche de fakir où ils n'ont vraiment pas
intérêt à se poser.

Un oiseau déroutant

En Amérique du Sud, les prairies de l'Argentine et de l'Uruguay abritent le nandou. Ce drôle d'oiseau au long cou, vigoureux bipède, est un très habile coureur. Ses longues pattes lui permettent, en cas d'attaque, de faire des bonds de 1,5 mètre et d'atteindre des vitesses impressionnantes. Dans sa course folle, il fait de surprenants zigzags qui déroutent ses attaquants. Le nandou ne réussit cependant pas à déjouer les ruses de deux prédateurs : un lézard et un mammifère qui ressemble à un raton laveur. En dépit de la vigilance du père nandou, gardien des œufs, le lézard s'empare de ceux-ci et réussit à les briser en les frappant l'un contre l'autre avec sa queue, comme des boules de billard. Le second, tout aussi rusé, creuse un tunnel jusque sous le nid pour y faire rouler les œufs que le père nandou avait soigneusement disposés en couches superposées dans une cuvette. L'omelette est servie !

Un vrai dingue des moutons

Le dingo est un chien sauvage habile
et secret qui ressemble à un renard,
avec son nez pointu, ses oreilles courtes
et ses longues pattes. Il erre dans
les régions herbeuses et fertiles du
sud-est de l'Australie. Cet animal est
continuellement à la recherche de
proies. Pour empêcher le dingo de
s'approcher de leurs précieuses bêtes,
les éleveurs de moutons ont érigé des
clôtures de deux mètres de haut. Fin
renard, le maraudeur réussit toutefois
à se faufiler par les trous que font
les plus gros animaux dans les clôtures.
À l'occasion, il emprunte les galeries
souterraines des lapins ou des wombats,
des marsupiaux qui ressemblent à des
blaireaux. Moins rapide que le dingo et
emprisonné dans son enclos, le pauvre
mouton est cuit !

L'oiseau qui fait mentir le dicton

Au sud des États-Unis et au nord du Mexique, dans les régions désertiques, vivent les troglodytes des cactus. Ces petits oiseaux jouissent de moyens plutôt sûrs pour se protéger contre leurs prédateurs, soit les corbeaux et les chouettes pygmées. D'une part, comme ils sont dotés d'un plumage jaune et brun, les troglodytes se confondent parfaitement avec les dunes et les plaines pierreuses des déserts. Mais ces petits futés savent aussi protéger leurs œufs. C'est le mâle qui construit le nid, ou plutôt les nids. En effet, pour chaque couple, il y a deux nids : le premier est protégé sous des ronces, dans un fouillis de cactées; le second, vide, est bien visible pour tromper les prédateurs, attirant leur attention et sauvegardant du coup les oisillons. Sachant cela, comment peut-on encore employer l'outrageante expression « avoir une cervelle d'oiseau » ?

À chacun sa proie

N'est-il pas fascinant de voir une araignée qui prend une mouche au piège ou encore un oiseau de proie qui fonce sur un campagnol ? Partout, des animaux attaquent pour survivre et d'autres se protègent par camouflage, mimétisme, fuite ou combat, puis attaquent des plus faibles qu'eux ou encore se nourrissent de végétaux, qui sont aussi des êtres vivants. La chaîne alimentaire maintient l'équilibre naturel de l'environnement. Maintenant, à toi de traquer les animaux et les insectes qui t'entourent... simplement pour les observer, bien sûr !

Connais-tu d'autres façons ingénieuses que les animaux emploient pour attaquer ou se défendre ? Décris-les.

Hardi hérisson

Dans la cour il y avait une caisse.
Des animaux s'en approchèrent,
  se mirent à l'examiner, à la renifler, à la lécher.
Tout à coup, une, deux, trois — la caisse s'ouvrit.
Et il en sortit — un serpent.
Les animaux terrifiés s'enfuirent.
Sauf le hérisson qui se jeta sur le serpent
  et une, deux, trois — le tua net.

Alors, le hérisson s'est assis sur la caisse
et il a crié : « Co-co-ri-co ! »
Non, pas comme ça. Il a crié : « Ouah-ouah ! »
Mais non, le hérisson criait : « Miaou-ou ! »
Non... Mince, je ne sais plus !
Qui peut me dire ce que crient les hérissons ?

Daniil KHARMS

(Anthologie de la poésie russe pour enfants, © Les Éditions Circé*)*

Une fleur tombée
Remonte à sa branche
Non, c'est un papillon !

MORITAKE

Des fossiles vivants

Certaines espèces animales sont restées presque inchangées depuis des millions d'années. On nomme ces espèces des « fossiles vivants ». L'esturgeon est un poisson qui appartient à cette catégorie d'animaux. Tout comme les premiers poissons, l'esturgeon possède sur les flancs une rangée de plaques très dures qui ressemble beaucoup à l'armure qui couvrait les poissons il y a quelque 400 millions d'années.

Lis ce récit fantaisiste peu connu d'un grand auteur russe du XIXᵉ siècle.

Le crocodile

Adapté d'une nouvelle de Fiodor DOSTOÏEVSKI

Dans une ville russe, un marchand allemand de passage faisait l'exhibition d'animaux exotiques. Le clou du spectacle était un crocodile, animal très peu connu dans la vieille Russie. Monsieur Ivan Matvéïtch, son épouse Eléna Ivanovna et leur meilleur ami étaient particulièrement impressionnés par les dents coniques qui sortaient du museau repoussant de ce reptile long d'environ cinq mètres. L'animal était immobile comme une statue, de la même façon que ses observateurs.

« On dirait que cet affreux monstre est fait de caoutchouc ! dit la dame. Vit-il vraiment ? » Pour le prouver, le démonstrateur toucha la bête avec un long bâton. Celle-ci remua ses membres courts, sa longue queue, puis ouvrit grand la gueule en émettant un drôle de grognement. On vit apparaître ses mâchoires imposantes. « Comme c'est laid ! gémit la femme. Je préfère aller voir les singes. » Et elle eut beaucoup de plaisir à les comparer à des personnes de son entourage. La ressemblance était dans certains cas indéniable !

Tout à coup, on entendit un drôle de bruit confus, on aurait dit une déglutition mêlée à un cri d'effroi. Horreur ! Le reptile était en train d'avaler le pauvre Ivan Matvéïtch. « Comment cela est-il possible ? cria enfin Eléna Ivanovna. Comment mon mari est-il arrivé dans la cage ? » Cependant, son époux disparaissait peu à peu dans le corps de l'animal.

« Il faut éventrer le monstre ! » articula la dame, hors d'elle. « Pas question ! rétorqua le marchand allemand. C'est mon gagne-pain ! » « Appelons la police ! » décida l'ami. « Pas question ! répliqua encore le marchand. Je ne veux pas de mauvaise publicité ni de poursuite en justice ! » Eléna Ivanovna répétait qu'il fallait éventrer l'animal, l'ami qu'il fallait appeler la police, et le commerçant les menaçait presque de son bâton !

L'énervement était à son comble quand une voix caverneuse qui semblait venir d'outre-tombe se fit entendre : « Calmez-vous ! Il n'y a pas lieu d'éventrer la bête ni d'appeler la police ! » Les querelleurs restèrent bouche bée. C'était bien le bon monsieur Matvéïtch qui s'exprimait depuis l'intérieur du corps de la bête !

« Comment te sens-tu, chéri ? Combien de temps pourras-tu tenir ? » questionna son épouse. « Je me sens plutôt bien. On dirait que l'intérieur de cet animal est vide et que ses parois internes sont faites de caoutchouc. C'est assez spacieux. Tu sais que tu pourrais venir m'y rejoindre, mon amour. » « Quelle folie ! Sors de là ! Fais-nous plaisir ! » « J'ai bien peur que cela soit impossible ! Je me ferais mal. D'ailleurs, je me plais bien, ici. Allez dormir et revenez me voir demain, nous reparlerons de tout ça. » « Je vous avertis, messieurs dames, conclut le marchand, vous devrez encore payer demain. » Les visiteurs s'en allèrent consternés.

* * *

Le lendemain, l'homme qui nichait dans le corps de l'animal n'avait pas changé d'idée, au contraire. Il connaissait mieux son nouvel habitat et il était convaincu qu'il pourrait y être bien sans se faire digérer. Il s'était entendu avec le marchand allemand pour qu'il lui glisse chaque matin une tasse de café et une tartine.

Ivan Matvéïtch dit à son ami et à son épouse, qui étaient arrivés à la première heure pour prendre des nouvelles, qu'il entrevoyait son avenir d'un très bon œil. Dorénavant coqueluche des médias et des savants, il deviendrait une grande célébrité et ferait beaucoup d'argent.

« Mais enfin, y as-tu pensé, Ivan ? s'indigna son ami. Pourquoi aurais-tu besoin d'argent dans cette prison sordide ? » « Sordide ? Il n'y a rien de sordide ici, répondit le captif. J'y suis très bien. Et puisqu'Eléna refuse de venir m'y rejoindre, toi tu

le pourrais. Mes observations sur l'animal seraient ainsi plus crédibles et l'on pourrait causer ensemble tranquillement, sans s'époumoner. » « Il devient fou, chuchota son ami à la dame. Hélas ! nous ne pouvons plus rien pour lui ! » Et ils partirent, laissant Ivan Matvéïtch dans sa nouvelle maison. « À demain ! » leur cria-t-il gaiement.

* * *

Qu'advint-il de l'homme ? Combien de temps passa-t-il dans le crocodile ? Fut-il heureux ? L'histoire ne le dit malheureusement pas.

● Comment imagines-tu l'avenir d'Ivan Matvéïtch ?

● Que penses-tu des réactions des personnages de ce récit ?

Lis ce texte pour en savoir plus sur les animaux domestiques du temps de la colonie.

Les animaux domestiques au début de la colonie

Les chevaux

En Nouvelle-France, il n'y avait pas de chevaux à l'état sauvage. Les premiers chevaux de la colonie ont donc été importés de France dès le milieu du XVIIe siècle, et leur nombre augmenta rapidement. La docilité de ces bêtes étonnait beaucoup les Amérindiens.

Ces chevaux étaient des animaux robustes qui servaient non seulement aux labours et au défrichement des terres, mais aussi aux déplacements. On les attelait à une calèche en été et à une carriole en hiver. Déjà à l'époque, une sorte de code de la route interdisait aux conducteurs de faire trotter ou galoper leur cheval avant de s'être suffisamment éloignés de l'église. En hiver, il était aussi obligatoire de munir les chevaux de clochettes

Marguerite Bourgeoys à cheval.

pour avertir les piétons, car la neige feutrait le bruit des sabots. Les élevages de chevaux ont tellement prospéré en Nouvelle-France qu'on a dû édicter une loi au XVIIIe siècle pour limiter le nombre de bêtes par famille.

Les bovins

Pour labourer la terre et tirer des charges, les colons ont également importé de France des bœufs et des vaches. Avec le lait des vaches, on fabriquait du fromage, le plus réputé provenant de l'île d'Orléans. Et vers le milieu du XVIIIe siècle, quand les troupeaux sont devenus plus importants, les colons ont commencé à intégrer la viande bovine à leur alimentation.

Les cochons

Aux débuts de la colonie, il y avait deux fois moins de porcs que de bœufs en Nouvelle-France. Mais l'élevage de porcs se développa rapidement, car il fallait de grandes quantités de lard salé pour nourrir les soldats français. Lorsque les élevages sont devenus plus nombreux, on a édicté une loi pour obliger les propriétaires à enfermer leurs bêtes dans un enclos, car les cochons en liberté faisaient souvent des ravages dans les champs et les potagers du voisinage.

Les moutons, la couvée...

Assez curieusement, l'élevage de moutons n'était pas très populaire en Nouvelle-France. On avait pourtant grandement besoin de laine. Mais pour ce qui est de la volaille — dinde, chapon et poule —, on en trouvait en abondance chez tous les habitants.

● Peux-tu donner d'autres exemples de changements survenus à cause de la venue des Français dans le Nouveau Monde?

Le chemin du roi

Le chemin du roi, c'est la route terrestre qui reliait autrefois Québec à Montréal par la rive nord du Saint-Laurent. Dès 1732, les colons qui habitaient entre ces deux points ont reçu l'ordre de défricher et de niveler un chemin d'une largeur de sept mètres. Ils ont construit de petits ponts, et des traversiers faisaient la navette entre les rives des grandes rivières. En 1737, le chemin était enfin carrossable d'un bout à l'autre, et il fallait compter quatre jours de route pour faire le trajet. Avant cette ambitieuse entreprise, le voyage n'était possible que par voie maritime.

Ce texte présente les grandes caractéristiques de quatre habitats d'animaux sauvages.

Animaux et habitats

On appelle habitat le lieu où vivent des êtres vivants. Tous les animaux sont adaptés à un habitat particulier. C'est pourquoi il n'y a pas d'éléphants dans les régions nordiques et pas d'ours polaires dans les régions tropicales. Ces deux espèces ne pourraient pas survivre dans des habitats où le climat et les sources de nourriture ne correspondent pas du tout à leurs besoins. Voici quelques exemples d'habitats de la planète avec la faune qui leur est typique.

La savane

Les savanes sont des plaines herbeuses des zones tropicales et subtropicales de tous les continents. La plus connue est sans doute la savane africaine. Son climat est chaud et sec pendant six mois, chaud et humide pendant le reste de l'année.

C'est là que vivent les derniers grands troupeaux d'animaux sauvages comme les zèbres, les girafes, les éléphants et les rhinocéros. Au sommet de la pyramide alimentaire de cet habitat trône le lion, qui se nourrit principalement de zèbres et d'antilopes.

La forêt tropicale humide

La forêt tropicale humide se caractérise par un climat chaud et, comme son nom l'indique, humide. Certaines régions peuvent se maintenir à des températures moyennes de 27 °C pendant toute l'année. La chaleur et les abondantes précipitations de cet habitat favorisent une végétation dense et touffue. Les arbres de la forêt tropicale, qui ont généralement de 100 à 160 mètres de hauteur, forment au sommet un dôme au feuillage très serré.

Bien qu'elle ne couvre que 6 % de la surface de la planète, la forêt tropicale renferme environ les trois quarts des espèces végétales et animales connues. Parmi ces dernières, nommons le gorille, l'orang-outan, le boa constrictor, l'anaconda, le jaguar et le tamanoir.

Le désert sec

À l'opposé de la forêt tropicale, le désert sec est l'habitat le plus hostile de la planète pour la vie animale et végétale. Les pluies y sont très rares; dans certains déserts, on a enregistré une absence de précipitations pendant plus de 30 mois.

La végétation du désert est faible et clair-semée, et les espèces animales y sont peu nombreuses. On y trouve des insectes, des araignées, des reptiles et quelques mammifères bien adaptés à la sécheresse comme les chameaux, les dromadaires, les minuscules renards des sables et les gerbilles. Dans ces régions aux conditions extrêmement difficiles, l'interaction entre les plantes et les animaux est fragile.

Le marécage

Il y a dans le monde plusieurs grandes régions marécageuses. Ce sont des espaces plats et très humides couverts de grandes étendues d'eaux stagnantes. Il ne pousse dans ces régions que des espèces végétales qui peuvent supporter d'avoir les racines immergées pendant de très longues périodes.

Les Everglades, aux États-Unis, sont un bon exemple de ce type d'habitat. Cette immense plaine maréca-geuse couverte d'herbes et de roseaux possède une faune extrêmement riche et diversifiée : insectes aqua-tiques, grenouilles, tortues, lamantins, hérons, aigles, couguars, etc. C'est aussi l'habitat d'un terrible prédateur : l'alligator.

● Peux-tu identifier l'habitat d'autres animaux tels le lama ou le panda ?

Lis ce texte sur des animaux qui risquent de disparaître de la planète.

Animaux en voie d'extinction

Le chevalier cuivré

Typique du Québec, ce gros poisson de la famille des carpes risque de disparaître. On le trouve, en très petit nombre, dans le fleuve Saint-Laurent, entre l'île de Montréal et le lac Saint-Pierre, et aussi dans la rivière Richelieu. Le chevalier cuivré dépose ses œufs dans des eaux peu profondes au fond pierreux, en courant

modéré. Pourquoi ce poisson, dont il ne reste que quelques centaines d'individus, est-il en voie d'extinction ? Parce que la contamination des eaux nuit à sa reproduction et que la construction de barrages a fragmenté son habitat.

Le couguar de l'Est

Le couguar vit dans les régions sauvages d'Amérique du Nord, parfois dans les forêts reculées du Nouveau-Brunswick, du Québec ou de l'Ontario. Parce qu'on croyait cet animal dangereux, on l'a chassé pendant longtemps de manière excessive.

Mais si le couguar est menacé, c'est aussi parce qu'on a rétréci dramatiquement son territoire en abattant des forêts ou en asséchant des terres pour construire des routes et des villes. Et l'on sait que le couguar a besoin de grands espaces pour trouver ses proies, puisqu'il délimite son territoire en forêt sur un rayon de 200 kilomètres.

Le pluvier siffleur

Le pluvier siffleur, un oiseau de rivage fragile, niche sur les plages de sable parsemées de cailloux et de coquillages. Au Québec, on a dénombré aussi peu que 40 couples nicheurs aux îles de la Madeleine. L'utilisation des plages à des fins récréatives constitue l'une des principales menaces pour ces oiseaux, car

leurs œufs sont souvent écrasés par des véhicules motorisés. La construction de maisons aux abords des rivages crée une circulation qui met aussi en danger la survie du pluvier. Les œufs subissent également les contrecoups des hautes marées et des tempêtes, facteurs naturels que l'on ne peut enrayer. L'humain devra donc faire preuve d'une grande sagesse pour protéger l'habitat naturel du pluvier siffleur.

L'ibis chauve sauvage

L'ibis chauve sauvage ne vit plus que dans une étroite bande désertique du Maroc. Il niche dans les falaises escarpées où l'on dénombre à peu près

300 oiseaux et moins d'une centaine de couples reproducteurs. Jadis, on retrouvait ces oiseaux en grand nombre dans les Alpes européennes où ils nichaient dans les hauts murs de pierres. On attribue leur disparition à la capture au nid des jeunes ibis utilisés en cuisine et, récemment, à l'épandage d'insecticides. Ces produits toxiques empoisonnent en effet les proies dont se nourrit l'ibis chauve sauvage, qui meurt à son tour d'empoisonnement.

- Crois-tu qu'il est important de tenter de sauver les espèces en voie d'extinction ? Explique.
- Connais-tu des moyens de sauver ces animaux ? Quels sont-ils ?

La méduse

Méduses, malheureuses têtes
Aux chevelures violettes
Vous vous plaisez dans les tempêtes
Et je m'y plais comme vous faites.

Guillaume APOLLINAIRE

Lis ce texte pour en savoir plus sur deux peuples des premières nations.

La terre mère

En 1500, avant l'arrivée des Européens, les peuples autochtones de nos régions vivaient en harmonie avec leur environnement et savaient habilement en tirer les abondantes ressources alimentaires.

Les Algonquiens

Les nombreux peuples algonquiens vivaient en très petits groupes sur un immense territoire d'une richesse inouïe sur le plan de la faune. Les peuples du sud chassaient surtout le wapiti et l'orignal, alors que le caribou était la principale ressource alimentaire des Algonquiens du nord. Selon les régions, ils pouvaient aussi chasser ou piéger bien d'autres animaux : l'ours, le renard, le castor, le porc-épic, le lièvre et le vison entre autres espèces. En saison, les canards, les outardes et les oies sauvages constituaient également une ressource alimentaire très précieuse. Il y avait à l'époque une profusion de pigeons sauvages, aussi appelés tourtes, une espèce aujourd'hui éteinte.

Ces peuples chasseurs comptaient aussi sur les produits de la pêche pour se nourrir. Les lacs et les rivières aux eaux limpides regorgeaient à l'époque de nombreuses espèces de poissons : dorés, brochets, truites, esturgeons, ombles de fontaine, saumons, anguilles, etc. Une faible partie de l'alimentation des peuples algonquiens provenait de la cueillette de baies sauvages, de racines et d'autres plantes comestibles.

Les Iroquoiens

Concentrés au sud du territoire, au milieu de magnifiques forêts mixtes, les peuples iroquoiens formaient des communautés beaucoup plus nombreuses que les communautés algonquiennes, car l'agriculture leur fournissait d'importantes réserves de nourriture.

Grâce au climat plus doux de leurs régions, qui offraient une période de végétation d'une centaine de jours, les Iroquoiens cultivaient principalement trois plantes, souvent appelées les trois sœurs : le maïs, la courge et le haricot. En faisant pousser ces plantes sur les mêmes terres, ils obtenaient des rendements spectaculaires.

En effet, les larges feuilles des plants de maïs protégeaient les courges de la trop forte chaleur du soleil. Les feuilles des courges gardaient l'humidité nécessaire au sol. Et les plants de haricots s'enroulaient autour des plants de maïs pour profiter pleinement de la chaleur du soleil tout en fixant les éléments nutritifs dans le sol.

À leur régime presque exclusivement végétarien, les Iroquoiens ajoutaient du poisson, des fruits sauvages et du petit gibier comme la loutre, le castor ou le rat musqué.

● Peux-tu faire ressortir les aspects semblables et différents de la vie de ces deux peuples?

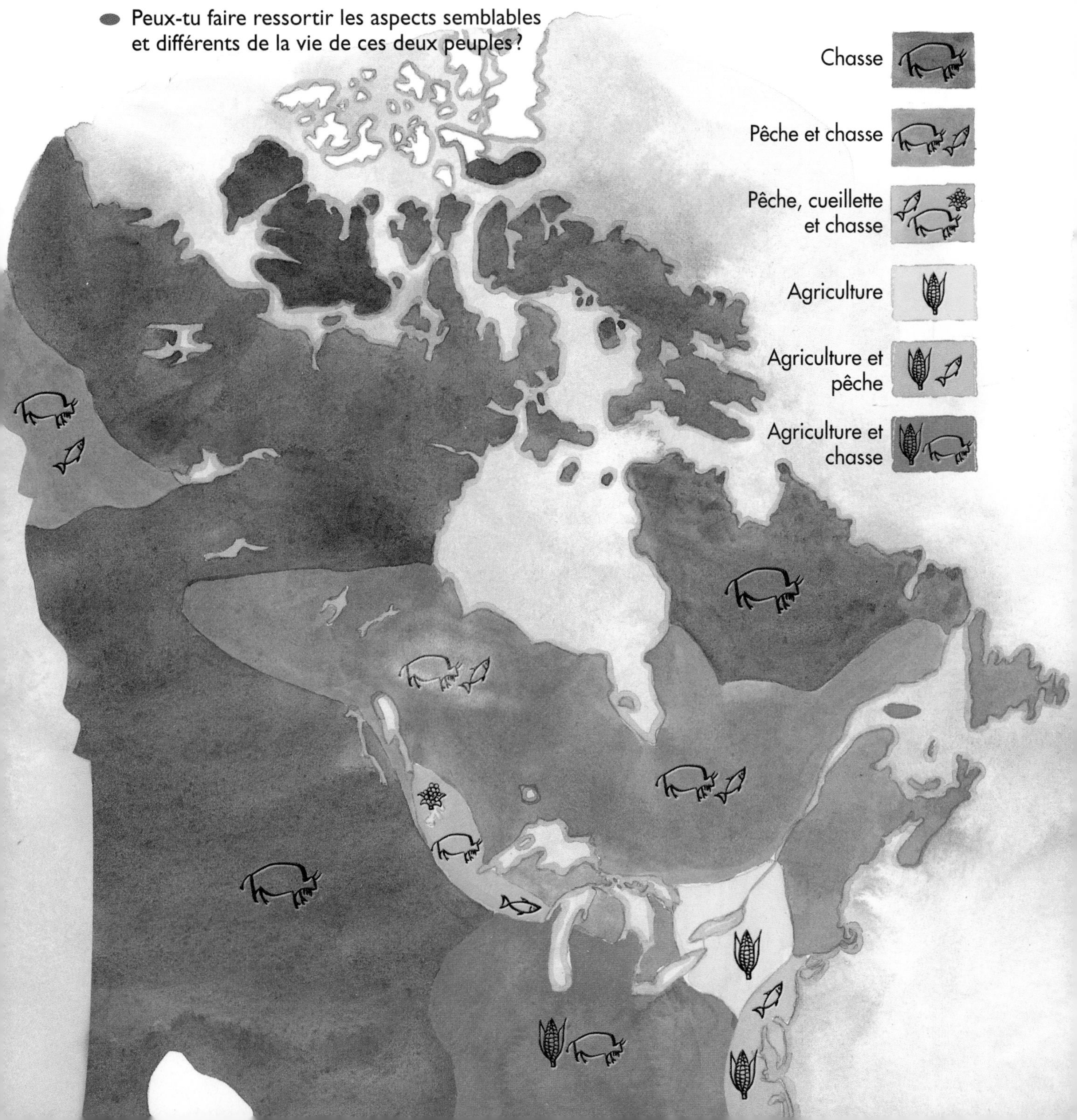

Chasse

Pêche et chasse

Pêche, cueillette et chasse

Agriculture

Agriculture et pêche

Agriculture et chasse

Pachamama, la terre nourricière

Avant sa destruction en 1532, l'Empire inca s'étendait sur un immense territoire de 3500 kilomètres de long qui présentait plusieurs types de climats et de paysages. Ce territoire comprenait un désert aride le long de la côte, les hautes montagnes des Andes au centre (de 3000 à 6000 mètres de hauteur), ainsi que des vallées profondes et de hauts plateaux entre les montagnes. C'est dans les vallées et sur les flancs des montagnes que les Incas trouvaient les rares terres cultivables.

La plupart des habitants de l'Empire étaient des agriculteurs. Pour profiter de la faible superficie des terres cultivables, les Incas aménageaient sur le flanc des montagnes des terrasses bordées de murets de pierres. Ils se servaient de canaux d'irrigation, de réservoirs et de citernes de pierre pour mener l'eau des régions humides vers les terres où l'eau était plus rare.

3000–6000 mètres

1000–3000 mètres

Désert côtier

Océan Pacifique

Sur les terres les plus hautes, donc les plus froides, les fermiers faisaient pousser des pommes de terre. Sur les terres de moyenne altitude et dans les vallées, ils cultivaient du maïs et des haricots, leur principale source de nourriture. Les terres les plus basses, les plus chaudes, étaient réservées à la culture des fruits et des épices. Sur les hauts plateaux, les Incas faisaient également l'élevage de lamas et d'alpagas, des herbivores qui leur fournissaient de la laine et du fumier pour fertiliser les terres.

Les paysans incas se nourrissaient principalement de maïs, de haricots et de pommes de terre. La seule viande qu'ils mangeaient de façon régulière provenait des cobayes et des canards qu'ils domestiquaient. La chasse des animaux sauvages comme les renards, les ours et les pumas était réservée aux nobles de l'Empire.

Voici une légende amérindienne qui explique comment est apparu le premier tamia rayé.

Le premier tamia rayé

À l'époque lointaine où les Amérindiens apprenaient à manier l'arc, les animaux se mirent à fuir ces êtres qui les pourchassaient avec leurs flèches mortelles. Ils considéraient tous les humains comme de cruels prédateurs. Le grand manitou, un bon esprit de la forêt, était peiné de la profonde mésentente qui régnait entre ses créatures.

Par un hiver glacial, un écureuil constata que ses provisions étaient à sec. Il n'avait plus une noix, plus une graine, plus rien. Il avait beau fouiller dans tous les troncs creux, ses recherches demeuraient vaines. Des amis auraient bien voulu l'aider, mais eux non plus n'avaient plus grand-chose à se mettre sous la dent.

Un jour, l'écureuil aperçut un gland sur la neige. Réjoui, il le croqua à belles dents. On lui lança ensuite un grain de maïs. Qui donc était ce bienfaiteur ? C'était une petite humaine. L'ennemi lui tendait-il un piège ? Non. La petite fille avait l'air amicale, enjouée, inoffensive. Il n'y avait donc rien à craindre.

Très rapidement, l'écureuil et la fillette devinrent les meilleurs amis du monde. Chaque jour, ils se promenaient ensemble. Ne manquant plus de nourriture, l'animal avait regagné sa bonne forme physique.

Un matin, cependant, après plusieurs mois de compagnonnage, l'écureuil attendit vainement son amie. Il décida d'aller voir ce qui se passait. La petite Amérindienne était étendue sur son lit. « Debout, paresseuse ! lui dit l'écureuil. Viens jouer ! » Mais l'animal sentit son amie si faible qu'il la laissa se reposer. Puis il se rendit compte que tous les humains étaient comme elle alités, lamentablement malades. L'écureuil, affolé, se dit qu'il devait à tout prix sauver sa jeune camarade.

Le rongeur pensa que la seule solution était de demander l'aide des animaux de la forêt. Ce ne serait pas facile, mais il fallait tenter le coup. Un petit mensonge pourrait l'aider à parvenir à ses fins. Il annonça donc qu'une assemblée générale était prévue pour une raison des plus importantes, mais sans préciser laquelle.

« Qui nous convoque ? demanda l'orignal, qui chassait les mouches avec sa queue dans le marais.

— C'est l'ours, répondit le petit rusé. Nous nous réunirons sur la colline au coucher du soleil.

— J'y serai, répondit le cervidé, se soumettant à la volonté du puissant carnivore.

— Je suis si occupé... Qui nous convoque ? demanda le castor sans cesser de réparer son barrage.

— C'est l'orignal, dit l'écureuil. Nous nous réunirons sur la colline au coucher du soleil.

— Par estime pour le grand cerf, j'y serai », répondit l'animal travailleur.

Le petit écureuil tint le même discours au rat musqué qui nageait tranquillement, à la loutre qui mordait dans un poisson, au raton laveur qui pêchait sans succès, à la marmotte et aux taupes qui paressaient, aux belettes et aux mouffettes qui grignotaient des sauterelles, au loup qui lissait son pelage, à la lapine qui gambadait gaiement, au porc-épic qui mâchonnait une racine de nénuphar. Un seul animal ne fut pas convoqué : l'ours. Sa haine des humains était en effet si grande que le petit rongeur craignait le pire de la part du gros mammifère colérique. Mais les oiseaux bavards se chargèrent de répandre la nouvelle partout...

Quand le ciel devint tout rose, les animaux se rassemblèrent comme convenu. L'écureuil avait le cœur battant. Il lui fallait d'abord avouer qu'il avait menti et ensuite tenter de rallier les animaux à sa cause, tout en connaissant les mauvais sentiments qu'ils éprouvaient envers les humains. Et le gros ours qui était là, l'oreille tendue ! Mais l'écureuil ne pouvait plus reculer. Il se racla la gorge et articula clairement : « Les humains sont malades. Ils ont besoin de notre aide, sinon ils périront tous ! » On entendit siffler, bramer, glapir, clapir, gronder, hurler, coasser... C'était le tintamarre sur la colline.

« Les humains nous traquent, nous tuent, nous massacrent pour notre fourrure, nos plumes, notre chair, notre graisse, notre moelle, nos dents et nos os !

— Et pourtant, répondit le petit écureuil, moi, je connais une amie des animaux et il faut la sauver malgré tout le mal... »

L'écureuil n'eut pas le temps de finir sa phrase, car une immense patte s'empara de lui et de cruelles griffes s'enfoncèrent dans sa tendre chair. C'était l'ours qui se déchaînait.

« Malheureux ! tempêta le colosse. Toi aussi tu périras avec ces... »

Mais lui non plus n'eut pas le temps d'achever sa phrase, car l'écureuil le mordit si fort que l'ours lâcha prise. Le petit rongeur crut bon de s'enfuir car, de toute évidence, les animaux de la forêt ne se rallieraient pas à sa cause.

Alors qu'il était sur le point de se laisser aller au découragement, l'écureuil entendit une grosse voix : « Ne crains rien, écureuil. C'est moi, le grand manitou, l'ami et le protecteur de tous les habitants de la forêt. J'ai la solution à ton problème. Tu dois enseigner aux humains à préparer une potion qui les guérira. »

Suivant les conseils du grand manitou, l'écureuil expliqua à une jeune Amérindienne qu'il fallait préparer une décoction de gomme de sapin, d'épinette et de pruche avec des morceaux d'écorce d'orme. Il l'aida à trouver les ingrédients et distribua une dose à chacun. Au bout de quelques jours, toute la tribu était sur pied. L'écureuil était fou de joie.

Le grand manitou était fier du courageux petit rongeur. Pour lui rendre l'honneur qu'il méritait, le grand manitou décida que toute la descendance de l'écureuil porterait sur le pelage dorsal un signe de bravoure : les rayures que les griffes de l'ours avaient imprimées dans sa peau. C'est ainsi que le bienveillant animal fut le premier des tamias rayés, ce joli rongeur aimé de tous.

- Selon toi, quelle leçon peut-on tirer de cette légende ?
- Connais-tu d'autres légendes sur les animaux ? Lesquelles ?

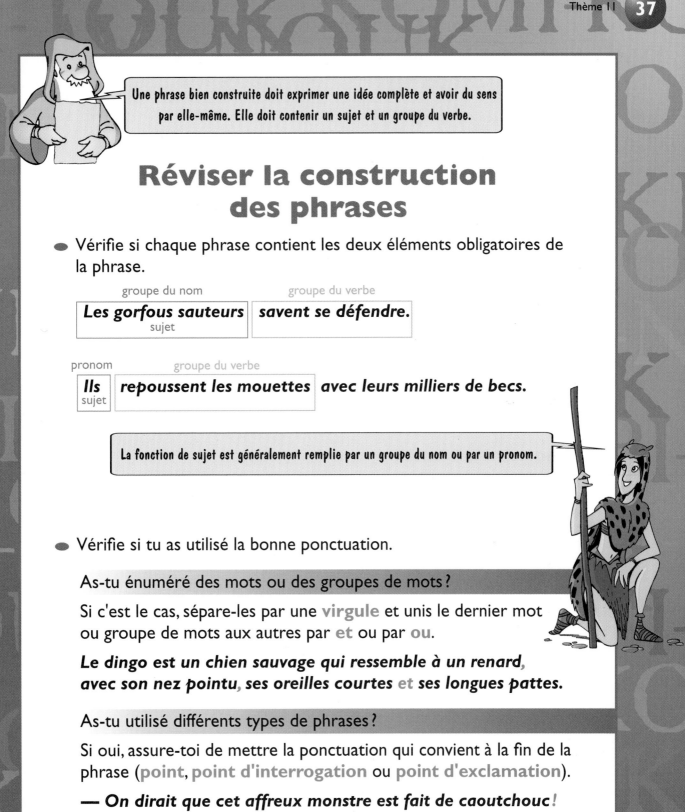

Une phrase bien construite doit exprimer une idée complète et avoir du sens par elle-même. Elle doit contenir un sujet et un groupe du verbe.

Réviser la construction des phrases

● Vérifie si chaque phrase contient les deux éléments obligatoires de la phrase.

groupe du nom

Les gorfous sauteurs
sujet

groupe du verbe

savent se défendre.

pronom

Ils
sujet

groupe du verbe

repoussent les mouettes *avec leurs milliers de becs.*

La fonction de sujet est généralement remplie par un groupe du nom ou par un pronom.

● Vérifie si tu as utilisé la bonne ponctuation.

As-tu énuméré des mots ou des groupes de mots ?

Si c'est le cas, sépare-les par une **virgule** et unis le dernier mot ou groupe de mots aux autres par **et** ou par **ou**.

Le dingo est un chien sauvage qui ressemble à un renard, avec son nez pointu, ses oreilles courtes **et** *ses longues pattes.*

As-tu utilisé différents types de phrases ?

Si oui, assure-toi de mettre la ponctuation qui convient à la fin de la phrase (**point**, **point d'interrogation** ou **point d'exclamation**).

— *On dirait que cet affreux monstre est fait de caoutchouc* **!** *dit la dame.* **Vit-il vraiment** **?**

Apprends à bien accorder les verbes. Rappelle-toi que le verbe prend différentes formes selon la personne du sujet.

Pour bien accorder les verbes

Trouve le verbe et son sujet.

- Repère les pronoms *je, tu, il, on, ils*. Ces mots sont toujours sujets de la phrase.

- Cherche les pronoms *cela, ça, elle, elles, nous* et *vous*. Si tu peux les encadrer par c'est... qui, ils sont sujets.

- Cherche le groupe du nom qui est placé avant le verbe.

> Attention ! Le sujet n'est pas toujours à côté du verbe. Pour t'assurer de trouver facilement le sujet du verbe, pose la question qui est-ce qui ou qu'est-ce qui.

Réponds à la question qu'est-ce qui ou qui est-ce qui posée avant le verbe.

- Si la réponse est un pronom de conjugaison, accorde le verbe avec la personne et le nombre de ce pronom.

pronom
de conjugaison

On | **compt** (**e**) **maintenant moins de 700 bélugas.**
sujet

- Si la réponse est un nom, remplace ce nom par le pronom de conjugaison correspondant et trouve la terminaison du verbe.

nom à remplacer par le
pronom de conjugaison **il**

L'homme | **devr** (**a**) **faire preuve de sagesse.**
sujet
il

- Si la réponse contient plusieurs noms, accorde le verbe avec le pronom sujet pluriel *ils* ou *elles*.

Ivan, son épouse et leur ami (**sont**) **impressionnés.**
sujet
ils

Il y a plusieurs façons de construire un groupe du nom.
En voici quelques-unes.

Des constructions du groupe du nom

Le groupe du nom sans complément du nom

Ivan
nom m. s.
disparut dans le crocodile.

Le lendemain, **ses amis**
dét. + nom m. pl.
revinrent le voir.

Tu sais que les déterminants et les adjectifs font équipe avec le nom.
Assure-toi qu'ils ont le même genre et le même nombre que le nom qu'ils accompagnent.

Le groupe du nom avec complément du nom

- Le nom peut être complété par un ou des adjectifs.

La baleine blanche
dét. + nom f. s. + adj.
vit dans
les eaux froides et profondes.
dét. + nom f. pl. + adj. + adj.

Conjuguer un verbe, c'est dire ou écrire les différentes formes qu'il peut prendre.
Voici comment se conjugue le verbe modèle *aimer*.

Les verbes réguliers en er

Aimer		
Au présent	**Au futur simple** (le verbe à l'infinitif + terminaison du verbe *avoir* à l'indicatif présent)	**Au conditionnel présent** (le verbe à l'infinitif + terminaison du verbe *avoir* à l'imparfait)
J'aim**e**	J'aimer**ai**	J'aimer**ais**
Tu aim**es**	Tu aimer**as**	Tu aimer**ais**
Il/Elle aim**e**	Il/Elle aimer**a**	Il/Elle aimer**ait**
Nous aim**ons**	Nous aimer**ons**	Nous aimer**ions**
Vous aim**ez**	Vous aimer**ez**	Vous aimer**iez**
Ils/Elles aim**ent**	Ils/Elles aimer**ont**	Ils/Elles aimer**aient**

> Tu connais bien les déterminants, Komi-Kouk ?
> Que constates-tu ?

Les propriétés des déterminants

Déterminant + nom

> J'observe. J'analyse.
> Voici ce que je constate.

- Le déterminant fait partie du groupe du nom;
  il précède toujours le nom.

  les **Amérindiens,** *les* **animaux,** *ces* **êtres,**
  ton **ami,** *son* **père,** *ses* **frères,** *ce* **garçon**

- Les déterminants **le** et **la** deviennent **l'** devant une voyelle
  ou un **h** muet.

  *l'***arc,** *l'***échelle,** *l'***époque,** *l'***horaire**

Déterminant + nom + adjectif ou déterminant + adjectif + nom

- Le déterminant reçoit généralement les marques de genre
  et de nombre du nom.

  une **époque lointaine,** *leurs* **flèches mortelles**

- Les déterminants qui précisent la quantité sont invariables, sauf **un**
  qui devient **une** au féminin.

  cinq **chiens,** *cinq* **chattes,** *un* **garçon,** *une* **fille,** *neuf* **pommes**

- Quand le nom placé après l'adjectif est au pluriel, le déterminant **des**
  devient souvent **de.**

  de **cruels prédateurs,** *de* **gentilles filles**

Nom sans déterminant

- Devant la plupart des noms propres de personnes, de personnages
  ou de lieux, il n'y a pas de déterminant.

  Barbe-Rouge, Bruno, Marie-Anne, Québec

Déterminant composé de plusieurs mots

- Le déterminant peut être composé de plusieurs mots.

  tous les **humains,** *mes autres* **amis,** *beaucoup de mes* **amis**

Épisode 12 •LES MASQUES TOTÉMIQUES•

LES QUATRE CHEFS APPARURENT AVEC LES MASQUES TOTÉMIQUES DE LEURS CLANS RESPECTIFS.

LE SON DE LA KLIMOUK MARQUA LE DÉBUT DE LA GRANDE FÊTE DES CLANS.

DES ÉQUIPES D'AMIS SE FORMÈRENT RAPIDEMENT POUR LA COURSE D'ÉPREUVES. PUIS ON SONNA LE DÉPART.

CETTE COURSE RITUELLE DES PLUS EXIGEANTES SERAIT EN MÊME TEMPS UNE EXPLORATION DU NOUVEAU TERRITOIRE.

IL FAUDRA TRAVERSER EN PLEINE NUIT, SANS SE PERDRE, UNE RÉGION DE HAUTES HERBES...

...ESCALADER LES PAROIS ABRUPTES DU MASSIF DES TROIS ARCHES...

...SE FRAYER DES CHEMINS À FLANC DE MONTAGNE EN EMPRUNTANT DES PASSAGES PRESQUE INFRANCHISSABLES...

...ET FAIRE L'ÉPUISANTE MARCHE DE RETOUR PAR LA PLAINE DES GALETS.

À LA TOMBÉE DE LA NUIT SUIVANTE, TOUTES LES ÉQUIPES ÉTAIENT RENTRÉES. CHACUNE PRÉSENTA FIÈREMENT SES DÉCOUVERTES.

C'EST DANS UNE ATMOSPHÈRE DE JOIE, D'AMITIÉ ET DE SOLIDARITÉ QUE SE MIT EN BRANLE LA MAGNIFIQUE PARADE DES CLANS.

Cette histoire raconte comment une petite fille
a assisté à une impressionnante cérémonie iroquoise.

Le vrai visage d'Albertine

Maude BOYER

Assise au pied du grand tilleul, Albertine
Tremblay y enfonce son couteau et
sculpte, à même le tronc, un énorme nez
au-dessus d'une bouche monstrueuse.
Au loin, une fumée blanchâtre se répand
dans le ciel clair de cette magnifique journée d'automne. Albertine reconnaît
l'odeur de tabac que font brûler les Iroquois
pour la cérémonie des faux visages.

Albertine se souviendra toute sa vie de ce jour
où des hommes cachés sous des masques terrifiants
ont fait irruption dans la maison de sa grand-mère.
Cela s'était passé tout juste un an plus tôt,
le 8 octobre 1910.

Dans la petite maison de bois encerclée par la forêt
et les montagnes, lors de cette nuit froide et
venteuse d'octobre, on entendait hurler les loups.
Les chiens de la basse-cour aboyaient et les arbres
craquaient. Le père et le grand frère d'Albertine étant partis pour une expédition
de quelques jours, elle restait seule avec sa grand-mère qui
avait un terrible mal de dent. De petits cris de
douleur parvenaient jusqu'à la chambre
d'Albertine et elle n'arrivait pas à trouver le
sommeil. Par la fenêtre, elle voyait les
feuilles mortes virevolter comme des
oiseaux fous. La lune éclairait une partie
du tronc du plus vieil arbre de la cour,
dont les nombreux sillons dessinaient un
visage grimaçant. Albertine se réfugia sous
les couvertures, mit ses mains sur ses oreilles
pour faire taire les plaintes du vent et finit par
s'endormir.

À son réveil, elle entendit les oiseaux chanter. Elle se prépara pour se rendre à la petite école au bout du rang. Avant de partir, elle alla saluer sa grand-mère encore au lit. Celle-ci n'allait pas bien du tout : son visage était si enflé qu'elle avait du mal à parler, ses cheveux étaient tout trempés de sueur. Albertine ne pouvait laisser sa grand-mère toute seule dans cet état.

« Grand-maman, ne vous inquiétez pas, je vais aller au village chercher le docteur. »

Sa grand-mère lui fit signe que non. Elle montra du doigt un petit tambour fabriqué par les Iroquois de la montagne. Albertine ne comprenait pas ce que son aïeule tentait de lui expliquer. Celle-ci montra encore le tambour puis la colline, en faisant des grimaces, et articula faiblement : « Faux visages, faux visages... »

Albertine se rappela que son père lui avait déjà parlé de la cérémonie des faux visages qu'organisent les Iroquois pour guérir les malades. Un grand garçon de l'école lui avait aussi dit que les Iroquois coupaient la langue des enfants blancs pour en faire de la soupe...

Le visage de sa grand-mère était rouge et brûlant de fièvre. Elle articula encore péniblement, comme une prière : « Faux visages, faux visages... »

« Grand-maman, j'ai compris, je m'en vais sur la colline chercher les faux visages. »

Albertine courut jusqu'au pied de la montagne et enjamba un marécage boueux, puis traversa, en marchant sur des roches, une rivière au courant très fort. Dans la forêt, les ronces déchiraient ses vêtements et les mouches noires tourbillonnaient autour d'elle. Elle arriva enfin au village des Iroquois.

Avec empressement, elle demanda au chaman du village s'il pouvait guérir sa grand-mère de son terrible mal de dent. Le vieux chaman lui fit signe que oui.

«Avant le coucher du soleil, nous viendrons chasser les mauvais esprits qui hantent votre maison. L'aïeule de la petite fille courageuse sera guérie avant la nuit.»

Épuisée mais soulagée, Albertine retourna aussitôt chez elle pour réconforter sa grand-mère. Mais les heures passaient, les feuilles d'automne rouges et ocre prenaient la couleur du feu sous le soleil couchant et personne ne se pointait à l'horizon. Albertine s'inquiétait. «Ils nous ont peut-être oubliés», pensait-elle.

Soudain, une forte odeur de brûlé se répandit dans la maison. Albertine ouvrit doucement la porte de la chambre et vit une dizaine de créatures monstrueuses qui répandaient de la cendre sur le plancher. Leur apparence était terrifiante : grandes faces striées au nez crochu, bouches immenses et grimaçantes, cheveux raides sur la tête, yeux enfoncés dans leur orbite. Leurs corps recouverts de vieilles couvertures trouées dansaient au rythme d'un petit instrument fait avec une carapace de tortue. Elles entrèrent les unes après les autres dans la chambre de la malade et fermèrent la porte.

Prise de panique, Albertine se cacha sous le lit de sa grand-mère pendant que les êtres masqués faisaient une chorégraphie étrange en poussant de longues plaintes. Ils dansaient autour d'un grand bol de cendre encore fumante et s'y trempaient les mains. Le plus grand d'entre eux enduisit la grand-mère de cendre de la tête aux pieds.

Croyant sa grand-mère en danger, Albertine sortit alors de sa cachette et se coucha sur elle pour la protéger. De grandes mains chaudes pleines de cendre frottèrent Albertine des cheveux jusqu'aux orteils. De proche, ces personnages masqués étaient encore plus effrayants : ils avaient d'épais sourcils de fourrure qui encerclaient leurs yeux de métal scintillant comme du feu. Leur visage de bois peint en rouge était encadré par une longue crinière noire. Ils sortaient la langue comme des serpents hideux. Morte de peur, Albertine poussa un grand cri : ses cheveux se dressèrent sur sa tête, ses yeux roulèrent dans leur orbite et sa langue sortit de sa bouche. Les faux visages poussèrent un grand cri à leur tour et s'enfuirent.

Épuisée, Albertine resta allongée près de sa grand-mère. Celle-ci la prit dans ses bras et lui dit doucement :

« Tu vois, je suis guérie maintenant. Oh ! mais toi, ma fille, tu es brûlante de fièvre. Je vais te préparer une bonne tisane amérindienne.

— Non ! Non ! grand-maman, je vous en supplie ! Pas ça ! »

C'est ainsi qu'Albertine fit connaissance avec la Société des faux visages. Par la suite, elle retourna voir le vieux chaman qui lui enseigna l'art de faire des masques ainsi que tous les rites et croyances reliés à la cérémonie des faux visages.

Aujourd'hui, un an après la guérison de sa grand-mère, Albertine sculpte un masque à même le grand tilleul comme le lui a appris le vieux chaman. Puis elle peindra ce masque en rouge afin de lui donner un plus grand pouvoir de guérison. Comme le chaman lui a dit : « Les faces couleur de feu ont plus de pouvoir, car elles brûlent les esprits mauvais. »

● Connais-tu d'autres cérémonies amérindiennes ? Lesquelles ?

● Trouves-tu qu'Albertine a été courageuse ? Explique.

Lis cette légende amérindienne
sur l'origine des fausses faces.

La légende
des fausses faces

Quelque temps après avoir créé le
monde, le Grand-Esprit admirait son œuvre.
La nature resplendissait. Les forêts et les plaines
verdoyantes s'étendaient à perte de vue. Les rivières cristallines produisaient
une douce musique. Les montagnes majestueuses s'élevaient à l'horizon.
Les animaux croissaient et se multipliaient. Le Grand-Esprit était satisfait.
Il décida alors de parcourir le monde pour voir si les êtres humains avaient
tout ce qu'il leur fallait. Pour ce faire, il prit l'apparence d'un Amérindien et
se dirigea d'abord vers le territoire des Oneidas, une tribu iroquoise.

Peu après son départ, de l'autre côté d'un ruisseau,
il aperçut un être extrêmement laid. Il fut très surpris,
car il ne se rappelait pas avoir créé un pareil monstre.
« Mon nom est Vieille-Souche-Pourrie », dit l'individu,
qui se sentait observé. Il avait le corps couvert de vieille
écorce, les cheveux raides comme du foin et un long nez
qui ressemblait à une affreuse petite branche crochue.

« Je voudrais traverser ce ruisseau sans me mouiller
les pieds. Tu sais comment je pourrais
y arriver ? » demanda-t-il au
Grand-Esprit. Celui-ci fit
aussitôt tomber un grand arbre de bord en bord du
ruisseau. Vieille-Souche-Pourrie sauta sur ce pont
sans tarder. Le Grand-Esprit, qui avançait vers lui,
lui dit : « Quand nous allons nous croiser, tiens-toi bien
à mon bras pour ne pas tomber ! » Mais lorsque Vieille-
Souche-Pourrie s'accrocha à lui, il dut vite lâcher ce
bras brûlant comme de la braise. Il tomba les deux
pieds dans le ruisseau et l'eau se transforma
immédiatement en glace. Le Grand-Esprit
n'eut qu'à toucher l'eau de sa main pour faire
fondre la glace et libérer les pieds du laideron.

Vieille-Souche-Pourrie crut bon de se lier d'amitié avec un personnage puissant comme le Grand-Esprit. Il revint donc vers lui et lui demanda s'il pouvait l'accompagner sur son chemin. Le Grand-Esprit accepta. Après de longues journées de marche, ces deux êtres différents comme le jour et la nuit arrivèrent tout près du village des Oneidas.

«Vois ces hommes et ces femmes. C'est moi qui les ai créés, affirma l'horrible individu.

— Cela est impossible, répliqua le Grand-Esprit, car je les ai façonnés de mes propres mains.

— Mais moi je leur ai transmis mes plus mauvais instincts, rétorqua Vieille-Souche-Pourrie. Je suis le plus sordide des mauvais esprits. J'ai le pouvoir de rendre les humains très vilains.

— Alors il faut que l'un de nous deux meure, décida le Grand-Esprit.

— Finissons-en immédiatement», rétorqua l'autre.

Le Grand-Esprit mit son adversaire au défi : il le somma d'incendier la forêt sans rien utiliser d'autre que son long nez. L'ignoble personnage accepta sans hésiter, mais il ne réussit qu'à faire roussir les feuilles, comme en automne. Quant au Grand-Esprit, il fit passer la chaleur torride de son bras par ses narines et déclencha aussitôt un terrible incendie.

Vieille-Souche-Pourrie ne se laissa pas abattre pour autant et il accepta une deuxième épreuve : déplacer une montagne. Il réussit d'ailleurs à la faire bouger d'un bon mètre. Pendant ce temps, le Grand-Esprit avait déplacé une autre montagne à quelques centimètres derrière son ennemi. Il dit : «Regarde donc ce qu'il y a dans ton dos.» En se retournant brusquement, Vieille-Souche-Pourrie se fracassa le nez contre le roc.

Tandis que l'estropié se prenait le visage à deux mains en gémissant, le Grand-Esprit transforma son propre visage à l'image hideuse du mauvais esprit. Quand ce dernier l'aperçut soudain si laid, il poussa un cri d'épouvante. Un cri si puissant que son visage se figea, se détacha de sa tête et tomba violemment sur le sol. Puis l'indésirable déguerpit à toutes jambes sans demander son reste.

Le Grand-Esprit reprit son beau visage d'Amérindien. Il ramassa la figure momifiée de Vieille-Souche-Pourrie qui traînait par terre, puis il alla l'offrir à la plus vieille femme du village oneida. « Prends ce masque, dit le Grand-Esprit. Garde-le précieusement et demande aux tiens d'en fabriquer d'autres. Ils vous seront d'un grand secours. Chaque fois que les mauvais génies viendront rôder par ici, vous n'aurez qu'à porter ces fausses faces et à danser toute la nuit autour d'un grand feu. Si vous vous protégez de cette façon, vous n'aurez jamais rien à craindre des esprits du mal. »

Les Oneidas suivirent le conseil du Grand-Esprit. Ils fabriquèrent d'autres masques et inventèrent la danse des fausses faces. Depuis ce jour, les mauvais esprits se tiennent loin, incapables de supporter la vue de ces horribles masques inspirés du visage de Vieille-Souche-Pourrie.

- À la place du Grand-Esprit, aurais-tu agi de la même façon envers Vieille-Souche-Pourrie? Explique.
- Imagine une autre façon de se protéger contre les mauvais génies.

Savais-tu que la nature regorge de ressources qui peuvent soigner plusieurs maux?

Les plantes médicinales

Feuilles, écorces, résine et racines, voilà autant de ressources de la nature que les Amérindiens utilisaient pour fabriquer des remèdes qui ont également servi aux colons de la Nouvelle-France.

Peuplier et saule

Avec de l'écorce de peuplier ou de saule, les Amérindiens préparaient une tisane pour soulager le mal de tête. Or, on sait aujourd'hui que cette boisson contient de la salicine, une substance ayant des propriétés analgésiques semblables à celles de l'aspirine. Le saule est encore apprécié de nos jours pour ses vertus anesthésiques et calmantes.

Sapin balsamier

La résine du sapin balsamier, infusée ou sous forme solide, agissait contre le mal de dos, le rhume, la toux, l'asthme et la tuberculose. C'était également un excellent antiseptique pour soigner les brûlures et les blessures.

Cerisier de Virginie

Avec les feuilles, l'écorce ou les racines du cerisier de Virginie, les Amérindiens préparaient une tisane efficace pour combattre la toux, la malaria, les maux d'estomac, la tuberculose et les vers intestinaux.

Pin blanc

Les Iroquois tiraient une vingtaine de préparations médicinales du pin blanc. Blessures, inflammations, ulcères, rhumatisme, maux de gorge ou de dos, rien, semble-t-il, ne résistait aux pouvoirs du pin.

Bouleau

Avec l'écorce et les feuilles du bouleau, on soignait les blessures, les coupures, les brûlures, la toux, le rhume, les problèmes pulmonaires, les ulcères et les tumeurs.

Orme rouge et orme blanc

Les coureurs des bois ont appris des Amérindiens que mastiquer l'écorce interne de l'orme rouge étanchait la soif. Réduite en poudre, cette écorce aidait à la cicatrisation des blessures et elle était un remède efficace contre les furoncles, les inflammations, les éruptions cutanées et la diarrhée. Quant à l'orme blanc, on en faisait des cataplasmes pour combattre la toux, la grippe, la dysenterie, la diarrhée et les infections des yeux.

Érable à épis

À cause de la fumée des feux de camp, les Amérindiens avaient souvent mal aux yeux. En faisant bouillir l'intérieur de jeunes rameaux d'érable à épis avec une pincée d'alun, ils obtenaient des gouttes qui apaisaient l'irritation des yeux.

⬤ À ton avis, comment les Amérindiens ont-ils découvert les vertus des plantes?

Lis ce texte pour mieux connaître les masques iroquois.

Les masques

Il arrive à chacun de se déguiser, soit pour l'Halloween, une fête ou un bal costumé. Une des parties importantes du déguisement est le masque. Les gens ne savent pas quel visage se cache derrière, ce qui peut être très amusant et mystérieux. Les Iroquois, ces Amérindiens du Québec et de l'Ontario, sont réputés pour leurs masques rituels. Plus que de simples déguisements, ces masques avaient une fonction précise dans leur société traditionnelle et ils étaient intimement liés à leur mode de vie.

Un masque guérisseur

Les Iroquois croyaient que tous les objets avaient une âme et qu'ils étaient immortels. L'âme qui influençait les êtres humains s'appelait oki. Le oki du ciel était le plus puissant, car il contrôlait les saisons et d'autres phénomènes naturels. Les chasseurs iroquois affirmaient qu'au cours de leurs expéditions en forêt ils rencontraient des okis d'apparence humaine : des têtes sans corps portant une longue chevelure. Ces créatures mythologiques étaient sans malice ; on disait même qu'elles pouvaient transmettre leur pouvoir de guérir aux porteurs de masques lors des cérémonies rituelles. Aussi les Iroquois formaient-ils des regroupements de guérisseurs, telle la Société secrète des masques.

Ces guérisseurs portaient des masques en bois sculpté pour les rites de purification des lieux et de guérison des malades. Personnifiant des esprits, les masques possédaient, croyait-on, un pouvoir spirituel. Chaque nouveau membre de la Société secrète pouvait hériter de son masque, le sculpter lui-même ou encore s'en faire sculpter un. On tenait également compte des rêves de la personne malade pour confectionner le masque. Parfois, les masques étaient utilisés pour jeter un sort à un ennemi.

La fabrication du masque

Les masques en bois

Les Iroquois considéraient qu'un masque sculpté dans le tronc d'un arbre vivant avait un très grand pouvoir. Ils utilisaient surtout le tilleul, mais aussi d'autres bois mous comme le magnolia, le peuplier, le pin blanc, l'érable et le saule. Habituellement, ces masques au nez crochu et à la bouche tordue étaient peints en rouge ou en noir. On y ajoutait du crin de cheval ou des mèches de cheveux ainsi que des plaques de métal pour les yeux. En fait, le masque sculpté devait avoir les traits et les couleurs d'un visage qu'on avait vu en rêve. Lors de sa fabrication, le sculpteur adoptait un rituel. Il allumait un feu au pied du tronc à sculpter, il invoquait les esprits et il faisait brûler du tabac. De plus, pour favoriser le succès des cérémonies, il fallait fabriquer le masque en moins d'une journée.

Les masques en maïs

Les Iroquois, qui étaient d'excellents fermiers, cultivaient le maïs. Avec les enveloppes des épis, ils fabriquaient des masques spéciaux qui représentaient un peuple imaginaire vivant de l'autre côté de la terre, dans un monde où les saisons sont inversées. Ce peuple était censé avoir signé un pacte avec les humains après leur avoir enseigné la chasse et l'agriculture.

Il existe deux types de masques en maïs. Les premiers sont simplement formés d'enveloppes tressées et cousues ensemble. L'autre type, dit « tête en broussaille », est plus élaboré. Les traits, sculptés sur bois, sont réguliers et non pas tordus comme ceux des masques en bois. Des enveloppes de maïs effilochées entourent la figure. La tête en broussaille avait la réputation d'être le masque en maïs le plus puissant.

- Quel masque iroquois aimerais-tu posséder ? Pourquoi ?
- As-tu des idées pour fabriquer toi-même un masque ? Lesquelles ?

Lis ce texte qui relate des moments difficiles qu'ont connus ensemble les Iroquois et les premiers habitants de la Nouvelle-France.

Les guerres iroquoises

Les cinq nations iroquoises voyaient d'un très mauvais œil l'installation des Français à Ville-Marie, qui deviendra plus tard Montréal. Elles se sont donc donné pour objectif de les chasser de ce territoire qui était un centre naturel de commerce de fourrures. De 1641 à 1701, la petite communauté montréalaise a donc connu une suite de guerres iroquoises presque ininterrompue qui a gravement menacé son développement. Voici quelques épisodes marquants de cette longue période d'affrontements.

La destruction de la Huronnie

En 1648, des guerriers des cinq nations iroquoises attaquèrent les Hurons, un peuple iroquoien allié des Français. Ils détruisirent deux gros villages et firent des centaines de prisonniers. L'année suivante, ils attaquèrent deux autres villages. Le pays huron, déjà lourdement frappé par des épidémies de variole, fut anéanti. Les quelques centaines de Hurons qui avaient survécu au massacre se rendirent à l'île d'Orléans pour obtenir la protection des Français. Les Iroquois attaquèrent ensuite d'autres tribus, ce qui les rendit maîtres d'un vaste territoire. La petite communauté française de Ville-Marie, qui comptait alors une cinquantaine de personnes, vivait sous la menace constante d'attaques iroquoises. Heureusement pour elle, les nations iroquoises commencèrent à se battre les unes contre les autres. Affaiblies, elles signèrent un traité de paix avec les Français en 1653.

Guerrier iroquois scalpant un prisonnier.

Le régiment de Carignan-Salières

La guerre reprit en 1658. Les Iroquois se mirent à attaquer les postes français établis dans la vallée du Saint-Laurent en faisant des dizaines de morts. Mais,

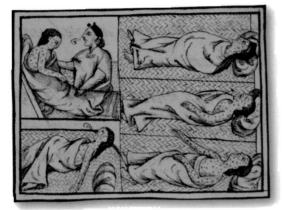

encore une fois, les nations iroquoises étaient divisées, et elles subirent aussi les attaques d'Amérindiens alliés des Français : Algonquins, Montagnais et Outaouais au nord, Andastes et Mohicans au sud. De plus, une terrible épidémie de petite vérole décima la population.

Même si les Iroquois ne présentaient plus une aussi grande menace pour la colonie, le roi de France décida de mettre définitivement fin à leurs attaques. Il envoya en Nouvelle-France une armée de 1200 militaires formée principalement des célèbres soldats du régiment de Carignan-Salières.

En 1666, sous le commandement du marquis de Tracy, une armée de 1300 hommes partit combattre les Agniers, la plus puissante des nations iroquoises. Terrorisée, la population s'est dispersée dans la forêt. Tracy fit incendier plusieurs villages. Les Agniers perdirent ainsi toutes leurs provisions d'hiver. Affamés, ils conclurent la paix avec les Français en 1667.

De nouvelles guerres

Les explorateurs français allèrent à la découverte de nouveaux territoires vers l'ouest et vers le sud, car le castor commençait à se faire plus rare en Nouvelle-France. Ce faisant, ils firent des alliances avec d'autres nations amérindiennes, les Illinois notamment. Les Iroquois s'inquiétèrent de ces alliances qu'ils trouvaient menaçantes. Ils se rapprochèrent des ennemis anglais de la colonie de New York, ce qui entraîna une série d'affrontements entre les Français et les nations iroquoises.

En 1689, 1500 guerriers iroquois attaquèrent le village de Lachine sur l'île de Montréal. Ils détruisirent complètement le village et massacrèrent les habitants. Pendant des jours, ils semèrent la panique dans l'île entière. Jamais la Nouvelle-France n'avait connu un tel désastre.

En 1693, le gouverneur Frontenac envoya une armée de 600 hommes chez les Agniers. Trois villages iroquois furent alors incendiés. En 1696, une armée de 2000 hommes brûla les récoltes des Onontagués et des Onnéiouts, réduisant ainsi deux autres nations iroquoises à la famine. Durement touchées par ces deux expéditions, les nations iroquoises en vinrent à vouloir conclure la paix.

Le traité de la grande paix de Montréal fut ratifié en présence des notables de la Nouvelle-France : le gouverneur, l'intendant de la colonie, l'intendant de Montréal et de nombreux officiers.

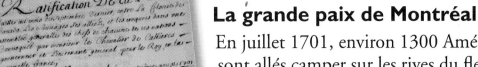

La grande paix de Montréal

En juillet 1701, environ 1300 Amérindiens sont allés camper sur les rives du fleuve dans des tentes d'écorce, presque autant d'individus que la population de la ville. Le 4 août, des dizaines de nations amérindiennes signaient un traité de paix avec la Nouvelle-France. Cela mit pour longtemps un terme aux guerres féroces que s'étaient livrées Français et Iroquois pendant plus d'un demi-siècle.

Selon toi, pourquoi ces guerres ont-elles eu lieu ?

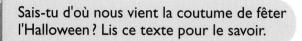
Sais-tu d'où nous vient la coutume de fêter l'Halloween ? Lis ce texte pour le savoir.

L'origine de l'Halloween

L'Halloween est une fête de plus en plus populaire. Le soir du 31 octobre, des millions de jeunes costumés vont gaiement de porte en porte pour recevoir des bonbons. Mais d'où nous vient cette coutume ?

Il y a très longtemps, chez les Gaulois, le 31 octobre marquait la fin de l'année et la fin de l'été. Ce jour-là, les Gaulois célébraient les récoltes. Le 31 octobre avait aussi pour eux une autre signification : c'était la fête des Morts. Les Gaulois croyaient en effet que les esprits revenaient sur terre pour chercher chaleur et consolation. Selon eux, pendant cette nuit d'octobre, les fées et les sorcières pouvaient semer le désordre, détruire les récoltes et même voler les enfants ! Pour éloigner les mauvais esprits, les gens se maquillaient et portaient des costumes effrayants.

Cette fête païenne des Gaulois est peu à peu devenue une fête religieuse. Elle s'est répandue en Irlande, en Écosse et en Angleterre. Les Anglais l'ont appelée *Hall Hallow Eve*, c'est-à-dire la veille de la Toussaint ou la nuit sainte. D'où le nom d'*Halloween* qu'on utilise de nos jours. Cette célébration où les réjouissances et la peur se mêlent est suivie, le 2 novembre, du jour des Morts.

C'est d'ailleurs un mort qui serait à l'origine de la citrouille d'Halloween. Selon la légende, Dieu aurait refusé l'entrée au paradis à un Irlandais prénommé Jack, parce qu'il avait été trop avaricieux de son vivant. Jack ne pouvait pas non plus aller en enfer, car il avait osé se moquer du diable. Le malheureux était condamné à errer pour l'éternité avec sa lanterne-potiron.

Les Irlandais ont introduit en Amérique leurs façons de fêter l'Halloween dans les années 1840, alors qu'ils fuyaient la famine qui sévissait dans leur pays. À l'époque, cette nuit-là était un véritable défoulement pour les enfants. Ils parcouraient les rues et jouaient des tours à ceux qui ne voulaient pas leur offrir de cadeaux. Pour s'éclairer, ils traînaient des lanternes qu'ils avaient bien sûr fabriquées avec des citrouilles, mais aussi avec des betteraves, des navets ou des pommes de terre.

L'Halloween demeure l'une des fêtes les plus appréciées des enfants. Les déguisements, les histoires de peur et les friandises sont toujours de mise. C'est le moment ou jamais de changer de peau et de personnalité, comme nos ancêtres!

● Aurais-tu aimé participer aux fêtes qui sont à l'origine de l'Halloween? Pourquoi?

● As-tu déjà fêté l'Halloween de manière originale? Raconte.

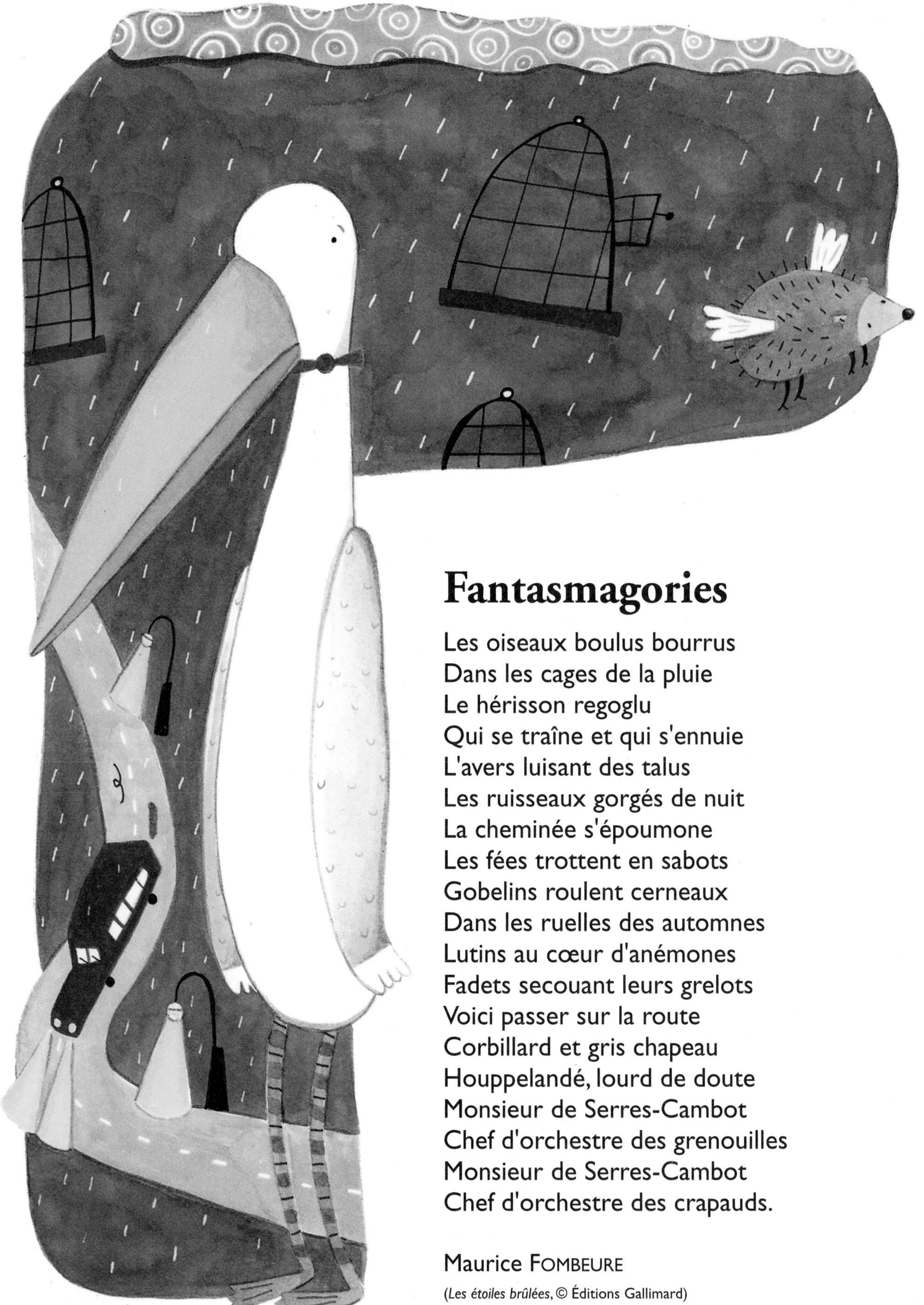

Fantasmagories

Les oiseaux boulus bourrus
Dans les cages de la pluie
Le hérisson regoglu
Qui se traîne et qui s'ennuie
L'avers luisant des talus
Les ruisseaux gorgés de nuit
La cheminée s'époumone
Les fées trottent en sabots
Gobelins roulent cerneaux
Dans les ruelles des automnes
Lutins au cœur d'anémones
Fadets secouant leurs grelots
Voici passer sur la route
Corbillard et gris chapeau
Houppelandé, lourd de doute
Monsieur de Serres-Cambot
Chef d'orchestre des grenouilles
Monsieur de Serres-Cambot
Chef d'orchestre des crapauds.

Maurice FOMBEURE

(*Les étoiles brûlées*, © Éditions Gallimard)

Au bal masqué

Déguisé en rat musqué,
Je suis allé au Bal Masqué
Et j'ai vu, vers Minuit,
De bien étranges travestis :

Un pompier en sirène,
Un voleur en gendarme,
Un manchot en pingouin,
Une minette en souris,
Un général en particulier,
Un Petit Prince en dauphin,
Une Reine en boucher,
Un paresseux en bouleau,
Un Indien en Peau-Rouge,
Un pauvre diable en Bon Dieu,
Un maître d'école en mètre pliant,
Un poète en courant d'air... (1)

Mais moi, le rat musqué,
Je les ai démasqués.
Sans peine, je les ai reconnus,
Comme s'ils étaient... tout nus !

(1) Chacun peut évidemment continuer la liste à son gré.

Robert GÉLIS
(*En faisant des galipoètes*, © Éditions Magnard)

Ce texte te propose de fabriquer des éléments de costumes d'Halloween.

À vos déguisements !

Un masque de clown

Matériel

- Une assiette d'aluminium
- Des ciseaux
- De la vaseline
- De la colle
- Un crayon
- Des bandes de papier journal
- De la gouache
- De la laine
- Une alvéole de boîte d'œufs

Réalisation

1. Enduis l'extérieur d'une assiette d'aluminium d'un peu de vaseline.

2. Couvre-le de bandes de papier journal et de colle.

3. Applique environ huit couches de papier et de colle.

4. Quand tout est sec, décolle le papier de son moule.

5. Mets le masque devant ta figure et marque au crayon où sont tes yeux et ta bouche. Découpe-les au bon endroit.

6. Recouvre de papier journal une alvéole de boîte d'œufs et fixe-la sur le masque pour faire le nez.

7. Quand tout est sec, peins un visage de clown. Fais d'abord le fond en blanc. Ensuite, peins le nez en rouge, le contour de la bouche en rose, les yeux écarquillés en vert et les sourcils bien hauts en orange.

8. Colle des cheveux de laine orange sur les côtés.

Un demi-masque de bal

Matériel

- Un bâtonnet ou un élastique
- Du carton et du papier de soie
- De la colle et des ciseaux

Réalisation

1. Dans du carton, découpe le contour du masque et les trous des yeux.

2. Façonne des boulettes avec du papier de soie chiffonné et colle-les sur le masque. (Beaucoup d'autres appliques sont possibles : paillettes, plumes, feuilles, fleurs séchées, petits objets récupérés.)

3. Colle un bâtonnet pour tenir le demi-masque devant tes yeux ou fixe un élastique pour l'enfiler comme un bandeau.

Un couvre-chef amérindien

Matériel

- Du papier de bricolage
- De la colle ou des agrafes
- Du maquillage

Réalisation de la coiffe

1. Découpe une bande de papier de bricolage assez longue pour faire le tour de ta tête. Colles-y une bande plus étroite en zigzag.

2. Découpe des plumes de différentes couleurs; fais des franges. Colle-les à l'intérieur du bandeau.

3. Si tu as les cheveux longs, tresse-les.

Le maquillage

1. Applique un fond de teint rouge ou brun sur ton visage.

2. Peins des traits et des points sur tes joues, ton nez et ton menton.

- As-tu des idées pour compléter ton déguisement ? Lesquelles ?

Ce texte te présente un personnage important des premiers temps de la colonie.

Jeanne Mance, l'ange de la colonie

Le 17 mai 1642, la fonte des glaces libérait enfin le fleuve. Après un séjour de plusieurs mois à Québec, Jeanne Mance et Paul de Chomedey de Maisonneuve s'embarquaient pour l'île de Montréal. Paul de Maisonneuve, qui rêvait d'y fonder une colonie, érigea un petit fort et nomma l'emplacement Ville-Marie. Jeanne Mance était chargée d'une mission toute spéciale : elle devait y bâtir un hôpital.

Dans la jeune colonie, tout était à faire. Les pionniers devaient défricher la terre pour la cultiver et construire des habitations. À l'occasion, Jeanne soignait les hommes qui se blessaient durant le défrichement.

La vie des premiers colons changea brusquement lorsque les Iroquois apprirent leur installation à Ville-Marie. Ce fut en fait le début d'un long combat pour protéger la petite colonie. Les attaques répétées des Iroquois ne laissèrent plus beaucoup de répit à Jeanne. Dans une modeste cabane d'écorce, elle soigna tant les blessés français qu'amérindiens. Plus tard, on lui construisit une bâtisse de bois qui devint l'hôpital Hôtel-Dieu, lequel existe encore aujourd'hui.

Vue aérienne de l'Hôtel-Dieu à l'époque de Jeanne Mance et de nos jours.

En plus de diriger l'hôpital, l'infirmière cueillait des plantes comme la verveine, l'ortie ou le pissenlit. Ces plantes servaient à préparer des décoctions et des emplâtres, une sorte de pommade à base de plantes, d'huile et de cire qu'on étendait sur les lésions. À l'époque, on appliquait aussi des ventouses sur le corps des malades et on pratiquait les saignées. On croyait ainsi les débarrasser du mal dont ils étaient atteints.

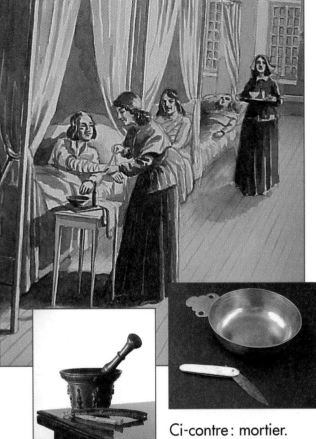

Jeanne Mance et Marguerite Bourgeoys.

Ci-contre : mortier.
Ci-dessus : canif et récipient pour les saignées.

Pendant près de 20 ans, les Iroquois semèrent la terreur. À plusieurs reprises, les pionniers se demandèrent combien de temps ils pourraient tenir, car ils manquaient de vivres, de munitions et d'argent. Jeanne effectua trois longs et périlleux voyages en France pour demander de l'aide et recruter des soldats, des religieuses et de nouveaux colons. Son dévouement, sa ténacité et son ardeur à défendre Ville-Marie lui ont valu le surnom d'ange de la colonie.

● Après avoir lu le texte, trouves-tu que Jeanne Mance a mérité son surnom ? Explique.

Lis ce texte qui pourrait bien te donner quelques sueurs froides !

Nuit noire

Claude MORIN

« Il faisait nuit noire. J'étais à bout de souffle. Je ne pouvais retrouver le sentier qui m'avait mené jusqu'en enfer... La bête masquée me poursuivait. Son souffle me brûlait la... »

Ding, dong! AH non! ce n'est pas vrai! Ils osent sonner à la porte alors que j'ai pris la peine d'éteindre la lumière dans presque toute la maison pour ne pas être dérangé dans ma lecture. Je vais voir discrètement, car je n'ai rien à offrir aux enfants pour l'Halloween. Je jette un coup d'œil par la fenêtre et j'aperçois —

ô horreur! — un gigantesque monstre aux bras velus. Ça ne peut pas être un enfant. Je recule en frémissant. Que faire ? La créature sonne de nouveau comme si elle devinait ma présence dans le noir. Affolé, je cours éteindre la petite lampe qui me sert à décrypter le roman fantastique que j'ai eu la très mauvaise idée d'entamer en cette inquiétante soirée du retour des esprits.

Ding, dong! Voilà maintenant qu'on tente de forcer la porte. Mon cœur s'arrête de battre. Je saisis un parapluie pour me défendre. J'entends grommeler la chose. Puis la porte s'ouvre sec et surgit alors une masse informe... J'appuie sur le commutateur et apparaît enfin dans la lumière la reine Victoria tenant un énorme cactus. Je ne suis qu'à demi surpris : ma mère adore la grande souveraine et elle a décidé de prendre sa tête le soir de l'Halloween. Retirant en riant son masque en caoutchouc, elle me demande pourquoi je ne lui ai pas ouvert. Elle me tend le cactus et me fait remarquer qu'il fait très beau dehors : je n'aurai pas besoin de parapluie si je veux sortir, sauf bien sûr si cela fait partie de mon déguisement.

Agacé, je décide d'aller lire au restaurant du coin, le très chic « Chez Rita » que ma tante Élizabeth tient depuis 10 ans. Un verre de lait, un beignet et un bon livre, quoi de plus agréable ? Mais où en étais-je dans ma lecture de H. K. Thornton, le maître de l'horreur ? Ah voilà ! page 34. « Son souffle me brûlait la nuque. Mes jambes, alourdies par cette course effrénée, ne voulaient plus m'obéir. Je revois le visage écarlate… » AAAH ! Quoi encore ?

Un jeune rigolo portant un masque de Dracula épouvantable me dévisage obstinément en quémandant des bonbons. Le restaurant est soudain envahi par une troupe de petits monstres masqués. J'engouffre le beignet, m'étouffant presque avec le lait. Je pars à la recherche d'un lieu où je pourrai enfin lire paisiblement.

Je marche sans savoir où aller. Me voilà suivant un petit sentier brumeux qui traverse un parc dont j'ignorais jusque-là l'existence. Loin du brouhaha de l'Halloween, la nuit est douce et calme… très calme… Si calme à vrai dire qu'en peu de temps je la trouve un peu inquiétante. Je décide de rebrousser chemin pour aller m'asseoir sur un banc, sous un lampadaire. C'est bien la première fois que je vais lire dehors la nuit ! Bien vite, cependant, je me rends compte que je ne reconnais pas mon chemin. Je suis perdu. Dans l'obscurité, les abords du sentier ne m'avaient pas donné beaucoup de repères. Une légère angoisse m'envahit.

Accélérant le pas, je me sens observé, suivi. Un énorme chien-loup se tient à quinze pas de moi. Ses yeux et ses dents brillent d'un éclat surprenant. Je suis statufié. Je décide de m'enfuir à toute vitesse. Va-t-il me suivre? Par malheur, oui! Je lance mon livre en espérant distraire le molosse. Mais le revoilà sur mes talons. Je sens la fin venir quand je trébuche sur une vieille souche. Appréhendant l'agression du monstre haletant qui me poursuit, je me recroqueville, mais rien ne se passe. Le souffle de la bête me brûle la nuque. Le chien reste là, immobile, avec mon livre dans la gueule.

Je me relève et découvre que ce que j'ai pris pour une souche est en fait un monstre hideux. Est-il mort? Après un instant de répulsion, je comprends que l'horrible visage n'est en fait qu'un masque. Étendu près d'un cadavre masqué, me voilà dans de beaux draps! Mais en retirant le masque, je m'aperçois que l'homme respire. Ouf! Mais qui est-ce? Un cambrioleur qui gît là à bout de souffle après avoir échappé à la police? Je tente aussitôt de réanimer l'endormi, mais en vain.

Je décide d'aller chercher du secours. Grâce au chien qui me guide bien plus qu'il ne me suit, j'arrive à sortir du parc et j'appelle la police. Quelques minutes plus tard, je dirige les ambulanciers vers le lieu où se trouve le corps. Il a disparu. On ne retrouve que le masque dans l'herbe. Et le chien, où est-il donc passé? Les ambulanciers ne goûtent pas du tout cette situation insolite qu'ils prennent pour un canular d'Halloween. Malgré mes protestations, je devrai payer le déplacement du véhicule d'urgence.

Épilogue

Trois semaines après cette malheureuse nuit qui m'avait coûté une centaine de dollars, un bon livre et une soirée paisible, je reçois un colis contenant mon livre et un billet de mille dollars. Plus étrange encore : glissée à la page 34, une photo du chien qui m'avait guidé dans le parc, tenu en laisse par la silhouette d'un homme au visage plongé dans l'ombre d'un chapeau à larges rebords.

Et dans la couverture cartonnée du livre, une dédicace laconique de ce grand auteur à succès qui a toujours tenu à garder l'incognito le plus total.

«Bonne lecture!

Harry Keith Thornton»

- As-tu eu des frissons ? À quel moment de l'histoire ?
- Aimes-tu les récits et les films de peur ? Pourquoi ?

Les onomatopées

Les onomatopées sont des mots qui imitent des sons. On les emploie surtout dans les bandes dessinées. Bing! Boum! Vlan! Atchoum! Crac! Ding, dong! Certaines onomatopées peuvent être utilisées comme des noms : un toc-toc! très discret, un vroum! retentissant. Quelques onomatopées ont donné naissance à des verbes : meuh! a donné le verbe meugler et miaou! a donné miauler. Les onomatopées ne sont pas les mêmes en français et en anglais. Par exemple, il faut écrire ouah! ouah! et non wouf! wouf! pour imiter l'aboiement. Psitt! Gare aux anglicismes!

Construis un théâtre d'ombres, tu pourras y jouer des saynètes amusantes.

Un théâtre d'ombres

Le théâtre d'ombres ressemble au théâtre de marionnettes, mais les personnages sont actionnés derrière un écran transparent, soit un drap ou du papier. C'est leur ombre qui apparaît aux spectateurs. Voici comment préparer un théâtre d'ombres.

La scène

Matériel

- Un grand carton orangé
- Des ciseaux
- Une lampe
- Un grand papier-calque
- De la colle
- Une chaise

Réalisation

1. Dans un grand carton orangé, découpe la forme d'une citrouille. Au centre de la citrouille, découpe un rectangle en ne laissant qu'une bordure d'environ 4 centimètres de large.

2. Colle un papier-calque derrière la citrouille. Dessine ou colle au préalable le décor permanent qui convient (chauves-souris, lune, branches d'arbre crochues, chat noir...). Fixe la scène sur une chaise derrière laquelle tu t'assoiras pour manipuler les personnages. Installe une lampe derrière la scène.

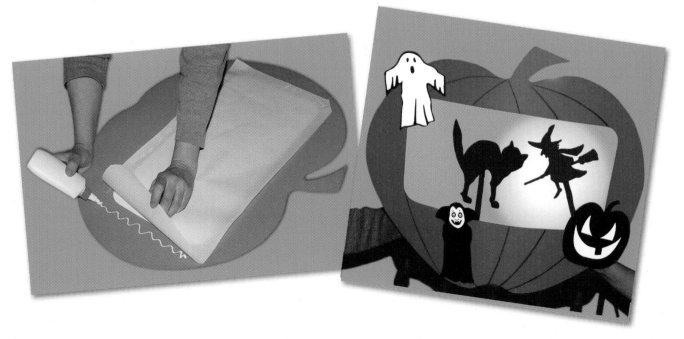

Les personnages

Il existe au moins deux techniques pour réaliser les personnages que tu auras d'abord découpés dans du papier de bricolage foncé. La plus simple consiste à les coller sur un bâtonnet à café pour les manipuler. L'autre méthode consiste à te passer à l'index un anneau de carton sur lequel tu auras d'abord collé le profil du personnage. Les autres doigts pourront tenir un accessoire comme un balai, une citrouille pleine de bonbons ou un chaudron fumant.

Matériel

- Du papier de bricolage noir
- Des ciseaux
- De la colle
- Des bâtonnets à café

La sorcière

Découpe un profil de sorcière perchée sur son balai, avec son chapeau pointu et ses bottines. Elle aura bien sûr un nez crochu, avec une belle grosse verrue. La bouche riante semblera méchante ou non, selon le scénario de la pièce.

Le fantôme

Le traditionnel fantôme est très facile à tracer : fais deux trous pour les yeux dans une silhouette couverte d'un drap.

Attention !

Un gros plan de tête de vampire, de sorcière ou de citrouille menaçante pourrait avoir un effet terrifiant. Surtout si la tête apparaît en même temps que retentit un horrible cri !

- Teste différentes façons de réaliser des ombres chinoises.
- Quelles idées de scénario as-tu pour ton théâtre d'ombres ?

Voici un canevas que tu pourras développer pour monter un spectacle d'Halloween.

Une sorcière trop gourmande

Maude BOYER

Pour célébrer la fête de l'Halloween, présentez un spectacle de marionnettes aux plus jeunes élèves de l'école. Confectionnez un théâtre d'ombres et fabriquez les personnages avec du carton et des tiges. Pour accompagner certaines scènes, munissez-vous d'instruments de musique comme le triangle et le métallophone. N'hésitez pas à composer des dialogues apeurants pour faire frissonner vos jeunes spectateurs. Maintenant, place au spectacle !

Les personnages

Souricière	une sorcière mangeuse d'enfants
Victoria	la sœur de Victor
Victor	le frère de Victoria
Amanite	un champignon rouge vénéneux, mais très gentil
Passiflore	une plante calmante
Monarque	un papillon orange à nervures noires
Lapin	un petit lapin blessé

Scène 1 **Souricière et Amanite**

On entend trois coups de triangle, puis la sorcière apparaît.

Souricière (au public): Bonjour, mes beaux et bons petits enfants! Quelle merveilleuse soirée, n'est-ce pas? Moi aussi je célèbre l'Halloween, mais au lieu de faire la collecte des bonbons, je fais la collecte des enfants! Ha! Ha! Ha! Hum! comme vous êtes appétissants! Malheureusement, vous êtes beaucoup trop gros pour moi. Ah! comme j'ai faim! Comme j'ai faim!

Amanite : Va te faire cuire un œuf !

Souricière : Qui ose me parler de la sorte ?

Amanite : Mange ta main, garde l'autre pour demain !

Souricière : D'où vient cette voix insolente ?

Amanite : Du champignon rouge près de ton grand pied odorant.

Souricière : Attends que je t'arrache : je vais t'avaler tout rond !

Amanite : Je suis vénéneux : si tu m'avales, tu mourras empoisonnée…

Souricière : Dis-moi, champignon indigeste, est-ce qu'il y a des enfants dans les parages ?

Amanite : Je ne sais pas. Et même si je le savais, je ne te le dirais pas !

Souricière : Oh ! toi ! Attends que je t'attrape et que je te transforme en crème de champignons.

La sorcière et le champignon courent en tous sens et font une sorte de chorégraphie d'ombres sur un air endiablé de métallophone. Ils sortent de la scène.

Scène 2 **Victoria, Victor, Amanite, Monarque, Passiflore et Souricière**

Victoria et Victor se sont perdus. Ils essaient de trouver la bonne direction pour rentrer à la maison.

Victoria : Victor, c'est par ici !

Victor : Non, Victoria, c'est par là !

Victoria : C'est vers la maison là-bas !

Victor : Non ! C'est du côté de la montagne !

Victor et Victoria (en chœur) : Nous sommes perdus ! Nous sommes perdus !

Amanite, Monarque et Passiflore (chantant en chœur) :

Nous vous aiderons à retrouver votre chemin,
car cette région, nous la connaissons très bien.
Mais attention, il ne faut surtout pas aller
chez cette sorcière qui veut vous manger !

Monarque : Moi, Monarque le papillon, je vous guiderai !

Passiflore : Moi, Passiflore la plante calmante, je l'endormirai !

Amanite : Moi, Amanite le champignon, je l'empoisonnerai !

La sorcière apparaît subitement. Musique dramatique de métallophone.

Souricière : Moi, Souricière la sorcière, je vous dégusterai !

Victoria, Victor, Amanite, Monarque et Passiflore s'enfuient. Souricière reste un moment seule sur la scène.

Scène 3 Souricière

Monologue à inventer : *Souricière explique qu'elle veut tendre un piège aux enfants.*

Scène 4 Victor, Victoria, Amanite, Monarque, Passiflore, Lapin et Souricière

Dialogue à inventer : *Guidés par Monarque, les deux enfants et leurs nouveaux amis traversent la forêt pour retrouver leur chemin. En route, ils rencontrent un petit lapin blessé. Les enfants veulent attraper le lapin pour le soigner, mais celui-ci, malgré sa blessure, essaie de leur échapper. Ils suivent le lapin qui se rend jusqu'à une cabane dont la porte est ouverte. Suivi des enfants et de leurs amis, l'animal entre dans la cabane. La porte se ferme et ils se retrouvent prisonniers dans la cabane de la sorcière qui les attendait et qui veut les manger.*

Scène 5

Scénario et dialogue à inventer : *Comment Victor, Victoria et leurs amis réussissent-ils à se débarrasser de la sorcière ?*

Fin

● Quelles sont tes idées pour les passages à inventer ?

● Quel personnage aimerais-tu jouer ? Pourquoi ?

Les phrases relatent des événements qui se déroulent dans le temps. Observe certains verbes au mode indicatif. Les temps du mode indicatif permettent de situer un événement dans le passé, dans le présent et dans le futur.

Le temps des verbes

Passé		Présent	Avenir	
Imparfait	Passé composé	Présent	Futur proche	Futur
Hier, c'était l'Halloween.	Dernièrement, j'ai fabriqué un costume pour l'Halloween.	Je couds maintenant un costume de fantôme.	Pierre va revenir bientôt.	On nommera les gagnants plus tard.

Te souviens-tu à quoi servent les points dans les phrases ? En indiquant la fin d'une phrase, ils permettent de mieux comprendre le texte.

Des points à la fin des phrases

Le point

- Le point indique la fin d'une **phrase déclarative**, c'est-à-dire une phrase dans laquelle on déclare ou on constate quelque chose. C'est la phrase la plus courante.

  Des millions de jeunes costumés se promènent dans les rues.

- Le point indique également la fin d'une **phrase impérative**, c'est-à-dire une phrase dans laquelle on ordonne ou conseille quelque chose à quelqu'un.

  Découpe une silhouette de vampire ou de sorcière.

Le point d'interrogation

- Le point d'interrogation indique la fin d'une **phrase interrogative**, c'est-à-dire une phrase dans laquelle on pose une question.

  À quand la fête de l'Halloween remonte-t-elle ?

Le point d'exclamation

- Le point d'exclamation indique la fin d'une **phrase exclamative**, c'est-à-dire une phrase dans laquelle on exprime une émotion.

  Quel plaisir nous avons à ramasser tous ces bonbons !

Savais-tu que le présent de l'indicatif est le temps de verbe le plus fréquemment utilisé? En observant les exemples suivants, tu verras qu'on peut l'employer dans diverses circonstances.

Le présent de l'indicatif

- Le présent énonce souvent un fait, un événement qui a lieu maintenant, au moment où on se parle.
  En ce moment, je confectionne mon costume.

- Le présent peut décrire une habitude, un fait qui revient régulièrement.
  Tous les soirs, nous nous couchons vers 21 heures.

- Le présent exprime parfois une chose qui est vraie de tout temps.
  La Terre tourne autour du Soleil.

- Le présent indique à l'occasion un passé très récent.
  Les élèves viennent tout juste de sortir de leur classe.

- Le présent peut aussi indiquer un futur proche.
  Je pars dans quelques minutes.

Je sais aussi qu'on peut raconter une histoire au présent, même si elle a eu lieu dans le passé. Le présent donne l'impression que l'histoire se déroule sous nos yeux. C'est ce qu'on appelle le présent de narration.

Assise au pied du grand tilleul, Albertine y enfonce son couteau et sculpte. Au loin, une fumée blanchâtre se répand. Albertine reconnaît l'odeur du tabac.

Terminaisons de la 1re conjugaison
Verbes en er

Je	(1re pers. s.)	→	e	J'aim**e**
Tu	(2e pers. s.)	→	es	Tu aim**es**
Il / Elle	(3e pers. s.)	→	e	Il / Elle aim**e**
Nous	(1re pers. pl.)	→	ons	Nous aim**ons**
Vous	(2e pers. pl.)	→	ez	Vous aim**ez**
Ils / Elles	(3e pers. pl.)	→	ent	Ils / Elles aim**ent**

Terminaisons de la 2ᵉ conjugaison
Verbes en ir, re et oir

Je	(1ʳᵉ pers. s.) → s	Je finis	J'écris	Je vois
Tu	(2ᵉ pers. s.) → s	Tu finis	Tu écris	Tu vois
Il / Elle	(3ᵉ pers. s.) → t	Elle finit	Il écrit	Il voit
Nous	(1ʳᵉ pers. pl.) → ons	Nous finissons	Nous écrivons	Nous voyons
Vous	(2ᵉ pers. pl.) → ez	Vous finissez	Vous écrivez	Vous voyez
Ils / Elles	(3ᵉ pers. pl.) → ent	Ils finissent	Elles écrivent	Elles voient

Quelques remarques

- Les verbes *pouvoir*, *vouloir* et *valoir* prennent un x à la 1ʳᵉ et à la 2ᵉ personne du singulier.

  je peux   tu veux   je vaux

- Les verbes dont la finale à l'infinitif est dre (*prendre, rendre, perdre, répondre*, etc.) prennent un d et non un t à la 3ᵉ personne du singulier.

  il prend   elle rend   il perd   elle répond

- Aux trois personnes du singulier, les verbes *couvrir, cueillir, découvrir, offrir, ouvrir* et *souffrir* se terminent comme les verbes en er.

  je couvre   tu cueilles   il offre

- Les verbes *aller, avoir, être* et *faire* se terminent par ont à la 3ᵉ personne du pluriel.

  elles vont   elles ont   ils sont   ils font

Les verbes réguliers en ir

Finir		
Au présent	**Au futur simple** (le verbe à l'infinitif + terminaison du verbe *avoir* à l'indicatif présent)	**Au conditionnel présent** (le verbe à l'infinitif + terminaison du verbe *avoir* à l'imparfait)
Je finis	Je finirai	Je finirais
Tu finis	Tu finiras	Tu finirais
Il / Elle finit	Il / Elle finira	Il / Elle finirait
Nous finissons	Nous finirons	Nous finirions
Vous finissez	Vous finirez	Vous finiriez
Ils / Elles finissent	Ils / Elles finiront	Ils / Elles finiraient

Le dictionnaire est un outil de référence des plus précieux.
Tu t'en rendras compte en lisant ces explications.

Consulter un dictionnaire

● Selon toi, quel est le sens du mot imaginaire dans l'exemple suivant?

Les Iroquois fabriquaient des masques spéciaux qui représentaient un peuple imaginaire vivant de l'autre côté de la terre.

● Voici la définition du mot imaginaire donnée dans un dictionnaire.

IMAGINAIRE

Imaginaire n. m. et adj. **1.** n. m. Qui n'existe que dans l'imagination, qui n'est pas réel. *Les ogres et les fées sont des personnages imaginaires.* SYN. fabuleux, fantastique, irréel, légendaire. ANT. véritable, vrai. **2.** n. m. Produit de l'imagination. *J'ai toujours préféré l'imaginaire au réel.* ANT. réalité. **3.** adj. Qui n'existe que dans sa propre imagination. *C'est un malade imaginaire.* SYN. fictif. ANT. effectif. ◆ imaginer.

● Selon cette définition, on peut donner trois sens au mot imaginaire. Chacun des sens est numéroté. Pour choisir le sens qui convient, il faut tenir compte du contexte, c'est-à-dire des idées données par les autres mots dans la phrase ou le paragraphe. Ici, on constate que c'est le premier sens qui convient.

● Dans certains cas, le dictionnaire donne des synonymes ou des antonymes. Là encore, c'est le contexte qui détermine lequel est le plus approprié. Dans le cas présent, le mot légendaire est un synonyme qui conviendrait. Ainsi, on pourrait écrire:

Les Iroquois fabriquaient des masques spéciaux qui représentaient un peuple légendaire vivant de l'autre côté de la terre.

● Certains dictionnaires indiquent même des mots de la même famille. Cela permet de trouver les mots qui sont apparentés, même s'ils ne se suivent pas dans le dictionnaire à cause de l'ordre alphabétique. Ici, c'est le mot imaginer qui est donné.

• LES PIERRES BLEUES •

KOMI-KOUK COMPRIT RAPIDEMENT LE FONCTIONNEMENT DES APPAREILS QU'AVI-NOUK AVAIT CONÇUS SPÉCIFIQUEMENT POUR ELLE.

AU SIGNAL D'AVI-NOUK, KOMI-KOUK S'ÉLANÇA SANS HÉSITATION DANS LA PROFONDE GORGE DES KHORS.

À MAINTES REPRISES, ELLE FRÔLA LES PAROIS ROCHEUSES EN MANIANT PARFAITEMENT LA PARATOILE.

ELLE ATTEIGNIT AU COURS DE LA DESCENTE DES VITESSES VERTI-GINEUSES.

Voici quelques brillantes inventions qui ont changé le cours de l'histoire humaine.

Les grandes inventions

Les outils

Il y a 2,5 millions d'années, nos ancêtres ont commencé à fabriquer des outils. Ce furent d'abord de simples galets cassés. Plusieurs milliers d'années plus tard, les humains préhistoriques façonnaient habilement du silex pour faire des couteaux très tranchants. Il y a environ 500 000 ans, ils apprirent à domestiquer le feu pour se chauffer et s'éclairer. Vers −15 000, ils possédaient toute une panoplie d'outils pour répondre à leurs besoins : des trépans pour faire du feu, des haches pour construire des abris, des lances, des arcs et des flèches pour chasser, des lampes à huile pour s'éclairer, des aiguilles d'os pour confectionner des vêtements, etc.

L'agriculture et l'élevage

Nomades pendant des millions d'années, les humains se déplaçaient constamment de territoire en territoire pour chasser, pêcher et cueillir des fruits sauvages. Puis, vers −9000, ils inventèrent l'agriculture, pouvant dès lors produire eux-mêmes leur nourriture. Vers la même période, ils s'adonnèrent à l'élevage en capturant des troupeaux de moutons et de chèvres sauvages pour les domestiquer.

Grâce à ces deux inventions, les humains pouvaient disposer de sources de nourriture stables. Ils purent ainsi se regrouper en plus grand nombre, s'installer dans des territoires de façon permanente pour fonder des villes, puis développer graduellement de grandes civilisations.

Un homme cultive la terre avec une houe de silex et de bois. L'encadré ci-contre présente des outils d'utilité quotidienne.

❶ un araire ❷ une pierre à broyer et un mortier

❸ une hache ❹ une faucille

La roue et le métal

Vers −4000, au Moyen-Orient, deux des plus grandes inventions de tous les temps virent le jour : la roue et la métallurgie. La roue, sous forme de rouleau, servit d'abord à déplacer de lourdes charges. Elle fut ensuite utilisée dans divers moyens de transport. La métallurgie fut inventée à la même période. La maîtrise du feu permit aux humains de transformer en métaux le minerai contenu dans les roches pour façonner divers objets d'utilité quotidienne.

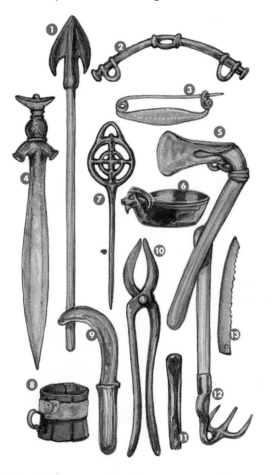

Outils d'utilité quotidienne fabriqués en métal

❶ une lance

❷ un mors

❸ une épingle

❹ une épée

❺ une hache

❻ un bol

❼ une fibule

❽ une tasse en bois à anse métallique

❾ une faucille

❿ des tenailles

⓫ un ciseau

⓬ une binette

⓭ une scie

L'écriture et la mesure du temps

Pour comptabiliser les récoltes et les impôts, on inventa vers −3300 un système de signes qui représentaient chacun un mot ou une idée. L'invention de l'écriture marqua le passage de la préhistoire à l'histoire. Peu après, les Égyptiens créaient les calendriers pour connaître les dates avec précision, tandis que les Grecs et les Romains perfectionnaient le cadran solaire pour mesurer l'écoulement du temps.

Avant l'écriture, les connaissances se transmettaient oralement de génération en génération. Elles se limitaient donc aux capacités de la mémoire des individus. Avec l'écriture, les humains pouvaient désormais noter et communiquer une masse d'informations, des informations qu'ils pouvaient aussi accumuler et conserver pendant des siècles. Malheureusement, plusieurs incendies ont ravagé des bibliothèques entières au fil du temps.

La monnaie et les sciences

Les échanges de marchandises furent grandement facilités vers −700 grâce à la fabrication de pièces de monnaie. Cette importante invention fut suivie vers −600 des premières grandes conquêtes scientifiques : les Grecs Thalès et Pythagore mirent au point de nouvelles façons de calculer et inventèrent la géométrie.

Artisans frappant de la monnaie.

Le savoir scientifique était né. Il se propagea rapidement grâce à la création d'écoles et d'universités un peu partout en Occident. Des savants se mirent à observer les phénomènes naturels et à dégager de grandes lois en mathématiques et en physique. Depuis, ces connaissances n'ont jamais cessé de s'accroître.

Pièces de monnaie.

- Laquelle de ces inventions te fascine le plus ? Pourquoi ?
- Connais-tu d'autres grandes inventions ? Lesquelles ?

Ce texte te présente des inventions que nous devons aux peuples des premières nations.

Des inventions amérindiennes

Les peuples des premières nations ont conçu et confectionné des objets remarquablement bien adaptés aux ressources de leur milieu et à leurs conditions de vie. En voici quelques-uns.

La raquette

L'une des inventions amérindiennes les plus connues est la raquette, qui permet de se déplacer sur la neige sans s'y enfoncer. On dit que c'est en observant les gélinottes huppées marcher sur la neige que les Amérindiens ont eu l'idée de fabriquer un tel objet. Chaque peuple adoptait un modèle particulier de raquettes selon ses activités et selon les caractéristiques de son territoire. En montagne, les Amérindiens privilégiaient les raquettes rondes et larges, les pattes-d'ours. En terrain plat, les queues-de-castor ou les morues, des raquettes longues et étroites, étaient plus pratiques.

Le cadre de la raquette était fait de branches de frêne ou de merisier équarries, polies puis amincies à l'aide du couteau croche, un outil taillé dans une côte d'ours et dont la lame avait la courbure d'une dent de castor. Dans l'eau chaude, les languettes de bois se ramollissaient, ce qui permettait de les arrondir et de leur donner la forme voulue. Quant à la semelle de la raquette, elle était faite de babiche, c'est-à-dire de fines lanières de cuir tressées à l'aide d'une aiguille en os et d'un poinçon en bois.

Une aiguille
à raquette.

Le toboggan

Le toboggan est une invention des Micmacs, un peuple amérindien de l'est du Canada. Il s'agit d'une sorte de traîneau de 1,5 à 2,5 mètres de long fait de minces planches de mélèze ou de bouleau fortement recourbées à l'avant et soutenues en travers par des barres de bois liées avec de la babiche. Le toboggan était particulièrement bien adapté à la neige légère et poudreuse. Des cordes passées sous les traverses permettaient de tirer une charge de plus de 50 kilogrammes. Servant au transport des marchandises, ce traîneau était indispensable aux peuples nomades qui changeaient souvent de campement. Le toboggan permettait également de traîner le gibier trop lourd pour être porté à dos d'homme.

Le tikinagan

Le tikinagan est un porte-bébé qui s'attache sur le dos. Le bébé, bien emmitouflé, était retenu à une fine planche rectangulaire. Il était ainsi transporté sur le dos de la mère ou déposé à proximité d'elle lorsqu'elle travaillait. La majorité des tikinagans étaient richement décorés de motifs qui devaient rapprocher l'enfant de la nature et le protéger contre les dangers.

- Connais-tu d'autres inventions des autochtones ? Lesquelles ?
- Pourquoi dit-on que les inventions des peuples des premières nations étaient adaptées à leurs conditions de vie ?

Tu sais ce qu'est un piano-scaphandre?
Non? Alors, lis cette histoire.

Le piano-scaphandre

Martin TRAVERSY

Il y a très longtemps, sur une île lointaine
baignée par la mer, vivait une vieille dame
dont tous les enfants avaient peur. Certains
croyaient qu'elle était folle. D'autres disaient que
c'était une sorcière. Pourtant, jamais personne ne
l'avait vue. La vieille femme ne sortait de chez elle
qu'à la nuit noire. Elle descendait alors à la plage pour
contempler les étoiles et chanter à tue-tête des airs d'opéra.

La vieille dame vivait au fond d'un bois, si loin qu'on aurait pu l'oublier.
Seulement on ne l'oubliait pas, car des sons étranges sortaient de sa maison et
parvenaient jusqu'au village. On entendait Ploc! Vrac! Rrrrrrrhwaaa! Patacla!
Ça faisait rire les plus vieux, mais ça effrayait les enfants. Que fabriquait donc la
sorcière pour faire autant de vacarme? Personne n'osait aller voir.

Un jour cependant, Mahalia décida d'aller jeter un coup d'œil. C'était la fille
la plus brave du village. À pas de loup, elle traversa la forêt en se dirigeant réso-
lument vers la petite maison. «Slouche! Flac! Slouche! Flac!» faisaient ses pas
sur le sentier boueux. «Ploc! Vrac! Rrrrrrrhwaaa! Patacla!» répondaient les sons
en provenance de la maisonnette.

Après avoir marché, marché et marché,
Mahalia arriva finalement devant la maison.
Elle s'approcha doucement en sifflotant.
(C'est souvent ce qu'on fait quand
on a peur.) Se haussant sur la pointe
des pieds, elle regarda par la
fenêtre. À l'intérieur, une vieille
femme à la magnifique chevelure blanche brandissait un marteau de bois. Elle construisait
une drôle de chose qui ressemblait autant à un poisson qu'à
un piano. «Ploc! Patacla!»

« Je rêve ou quoi ? » murmura Mahalia en se pinçant.
Et elle se pinça si fort qu'elle ne put retenir un long aïe !
de douleur. Ce cri alerta la vieille dame, qui se précipita
dehors juste à temps pour mettre la main au collet de la
jeune fouineuse.

« Tiens, tiens, on m'espionne, dit-elle avec un sourire fin
qui faisait trembler ses mâchoires.

— Je voulais seulement voir ce que vous fabriquiez, répondit Mahalia,
dont les genoux s'entrechoquaient en faisant clic, clac et cloc !

— Je fabrique un instrument de musique pour mes amies les baleines, expliqua
la vieille. J'ai presque terminé. Entre voir, si tu veux. N'aie pas peur. Je ne
suis pas dangereuse. Je ne suis qu'une inventrice. »

Mahalia n'hésita pas longtemps. Une fois à l'intérieur, elle s'approcha du piano-
poisson. Il était gigantesque. Il prenait toute la place.

« Après le piano mécanique, le piano droit et le piano à queue, voici le piano-
scaphandre », annonça fièrement la vieille dame.

Le clavier était complet, comme sur un piano ordinaire, mais il y avait en plus
de longs tubes qui sortaient de la caisse, des hublots rigolos dans la table d'harmonie, des nageoires synthétiques en guise de pédales et quatre hélices solides
sur le pourtour. L'instrument avait l'air d'une curieuse épave.

« Un jour, je ferai chanter les baleines avec ça », conclut l'inventrice.

Mahalia éclata de rire et revint à toutes jambes raconter son aventure au village. Hélas! comme c'est souvent le cas, les grandes personnes ne la prirent pas très au sérieux. Par contre, ses parents lui interdirent de retourner dans la forêt.

Des années plus tard, la vieille dame mourut d'une vilaine fièvre. On chargea alors le piano-scaphandre dans un camion, puis sur un navire. Mahalia, qui n'avait jamais oublié l'étrange personnage, attendait sur le pont. On emporta l'instrument en haute mer où on le jeta par-dessus bord. On avait ainsi respecté les dernières volontés de la vieille inventrice.

Rêveuse, Mahalia regarda les flots se refermer sur l'instrument. Au fond de l'eau cependant, des baleines commençaient à se rassembler autour du piano-scaphandre. L'ondulation de l'eau actionna les touches et les hélices, et une musique envoûtante se répandit dans toutes les mers! Charmées, les baleines du monde entier se mirent à chanter. Et c'est depuis ce jour que le chant éternel des baleines s'accompagne d'airs d'opéra ou de jazz, selon la houle et l'humeur de la mer.

● Que penses-tu de la fin de cette histoire?

Invention ou découverte?

Il ne faut pas confondre invention et découverte. Découvrir, c'est observer pour la première fois quelque chose qui existait déjà, comme Christophe Colomb qui a découvert l'Amérique ou Alexander Fleming qui a découvert par hasard la pénicilline. Inventer, c'est construire quelque chose de tout à fait nouveau. Ainsi, Edison a inventé le phonographe, Marconi, la radio et Bardeen, le transistor.

Ce texte te présente cinq grands inventeurs qui ont révolutionné le monde.

Des inventeurs de génie

Gutenberg

C'est en 1440, en Allemagne, que Johannes Gutenberg inventa une machine qui allait révolutionner le monde : la presse à imprimer. Grâce à cette presse et aux caractères mobiles qui permettaient de composer des mots, on pouvait imprimer 16 pages par heure alors qu'il fallait auparavant une journée complète pour en copier trois à la main. Le premier livre qui sortit de cette presse était une Bible en latin. L'invention allait permettre de diffuser les livres et les connaissances partout dans le monde.

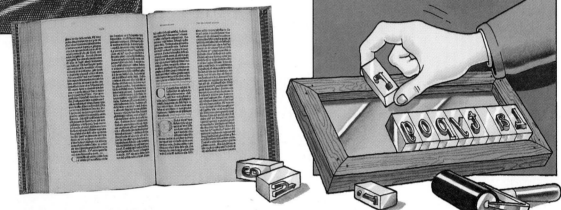

Galilée

En 1610, l'Italien Galilée fabriqua une lunette astronomique qui lui permit d'observer les montagnes et les vallées de la Lune, les comètes ainsi que les taches solaires. Grâce à ses observations, il confirma que la Terre et les planètes tournaient autour du Soleil. Il fut pour cela condamné au silence par un tribunal de l'Église, qui croyait encore que la Terre était au centre de l'Univers. Galilée est aussi l'inventeur du thermomètre à eau et du pulsomètre qui permettait de mesurer le pouls des malades.

Blaise Pascal

Le mathématicien français Blaise Pascal inventa en 1639 la première machine à calculer. Il n'avait que 19 ans lorsqu'il créa cet appareil pour aider son père, un collecteur d'impôts, à faire ses calculs. Cet ancêtre des calculatrices, qui fonctionnait avec un système de roues dentées numérotées, permettait seulement de faire des additions et des soustractions.

Blaise Pascal a aussi inventé la presse hydraulique et la seringue.

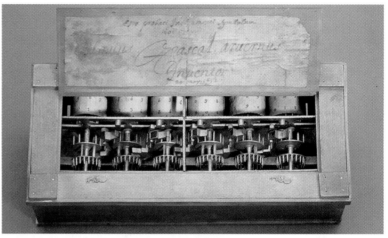

Alexander Graham Bell

En 1876, Alexander Graham Bell, un Américain d'origine écossaise, améliora le télégraphe, inventé en 1840 par Samuel Morse, pour créer le téléphone. Sur l'appareil en forme de cornet, il était écrit : « N'écoutez pas avec la bouche et ne parlez pas avec l'oreille. » On présenta le téléphone pour la première fois à l'exposition du centenaire des États-Unis, en juin 1876, à Philadelphie. Les premières lignes téléphoniques furent installées deux ans plus tard, et l'invention connut un vif succès. Vers 1900, la compagnie Bell comptait déjà plus d'un million d'abonnés.

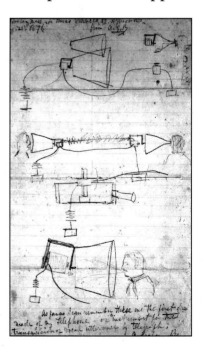

Premiers croquis de l'invention du téléphone. Le croquis du centre se rapproche le plus du dessin qui accompagnera la demande de brevet déposée par Graham Bell en 1876.

Clément Ader

C'est en France que l'inventeur Clément Ader fit s'envoler l'ancêtre de l'avion. En 1890, son engin en forme de chauve-souris et équipé d'un moteur à vapeur décolla du sol et fit un « incroyable » bond de 50 mètres. C'était la première fois qu'un appareil à moteur plus lourd que l'air s'envolait dans le ciel. En 1903, les Américains Wilbur et Orville Wright surpassèrent l'invention d'Ader en maîtrisant l'équilibre et la direction de leur aéroplane. Ce furent les exaltants débuts de l'aviation.

● De laquelle de ces inventions aimerais-tu le plus être l'inventeur ou l'inventrice ? Pourquoi ?

● À propos de quel inventeur aimerais-tu en savoir plus ? Explique ton choix.

John Logie Baird

Si le nom de cet inventeur écossais est peu connu, son invention, elle, est mondialement célèbre puisqu'il s'agit de la télévision ! Né en 1888, Baird commença ses expériences dès l'âge de 18 ans. En 1926, il construisit son premier émetteur de télévision. Le système de transmission des images qu'il mit au point fut bientôt amélioré grâce au tube cathodique inventé par l'Américain d'origine russe Vladimir Zworykin. Dans les années 1960, d'autres techniques permirent la création de la télévision en couleurs que nous connaissons.

Vantardises

— J'ai des roues, dit la bicyclette,
J'ai des roues, vous n'en avez pas.

— Moi, je vois mieux, dit la lorgnette,
Que vous avec vos yeux étroits.

— Et je joue, dit la clarinette,
Oui, je joue, ne l'oubliez pas.

— Je suis bonne, dit la galette.
Oseriez-vous en dire autant ?

— Moi, jolie, dit la statuette.
Vous êtes lourd et embêtant.

— Autant en emporte le vent,
Dit l'homme. Ne parlez pas tant !

D'ailleurs si je n'étais pas là,
Vous n'existeriez même pas.

Maurice CARÊME

(*Au clair de la lune*, Hachette, Le livre de poche jeunesse, collection « Fleurs d'encre »,
© Fondation Maurice Carême, tous droits réservés)

Une grande invention :
la démocratie

C'est à Athènes, une cité de la Grèce antique, qu'est née l'idée d'une participation directe des citoyens à leur gouvernement. C'était une idée très nouvelle car, jusque-là, les gens devaient obéir aveuglément à leurs chefs, des princes, des rois ou des empereurs. Malheureusement, cette idée a été abandonnée pendant des siècles et des siècles. La démocratie ne sera appliquée véritablement qu'au XVIIIe siècle, aux États-Unis, quand on donnera le droit aux citoyens d'élire leurs dirigeants. Très vite, on a associé à cette forme de gouvernement de grands idéaux : liberté de presse, liberté d'expression, liberté de religion, égalité des citoyens devant la justice, etc. Ces idéaux ont permis l'essor des pays les plus développés de la planète.

L'Assemblée nationale du Québec.

Voici l'histoire (inventée de toutes pièces) d'une inventrice précoce.

La Dagonite de Dago Dargaud

Claude MORIN

Sa mère l'avait tant désirée qu'elle la prénomma Désirée. Comme elle était née le jour de la Saint-Éloi, son père la nomma Dagobert. Désirée Dagobert Dargaud, tel était son nom. Et tout son caractère y était déjà inscrit. La culotte à l'envers du fameux roi de la chanson, surtout, car rien de ce qui était à l'endroit ne lui avait jamais plu. Il lui fallait toujours et à tout prix trouver une manière différente de faire les choses. Dago, comme l'appelaient les rares amis qui pouvaient supporter sa manie de tout mettre sens dessus dessous, s'était toujours considérée comme une inventrice de génie. Il faut bien reconnaître qu'elle ne manquait pas d'idées. Le problème, c'est que ses trouvailles produisaient à tout coup des effets inattendus, désagréables la plupart du temps et dangereux très souvent.

Au nombre des géniales inventions de Dago, il y eut les freins à main pour patins à roues alignées. Comme cela arrivait souvent, c'est Luka, le plus grand admirateur des talents de Dago, qui expérimenta le prototype. Cette fois, il s'agissait d'un système complexe de câbles reliant les roues à des poignées et gâchettes. Le tout fonctionnait merveilleusement bien, trop bien même. Lors de l'essai, l'intrépide pilote, qui dévalait une pente abrupte à grande vitesse, tenta de ralentir en appuyant légèrement sur les gâchettes. Les roues du patin gauche bloquèrent tandis que celles du patin droit ne firent que ralentir, ce qui entraîna le brave Luka dans une descente tourbillonnante des plus spectaculaires. Il finit sa course dans l'étalage d'un marchand.

Dago inventa ensuite une allumette qui avait la qualité de pouvoir être allumée à plusieurs reprises. Excellente idée à première vue. Elle en offrit à tout le personnel de l'école, ce qui provoqua une foule de petits désagréments dont on parla longtemps à l'école alternative des Étincelles.

Il y eut aussi le papier autoeffaçant dont on imagine facilement les avantages et inconvénients lors d'un examen, la mousse à raser avec teinture d'iode incorporée qui avait le mérite de désinfecter les éventuelles coupures, mais qui donnait à ses utilisateurs un teint cuivré dont ils se seraient bien passés. Bref, Dago débordait d'idées.

Plusieurs années avaient passé, marquées par une longue suite de créations catastrophiques. À la suggestion du maire, tous les habitants de Saint-Germain se cotisèrent pour envoyer Dago étudier dans une université prestigieuse, à 1000 kilomètres du village. Là-bas, dans ce lieu de haut savoir, la jeune surdouée devint une brillante et ennuyeuse étudiante.

Depuis son départ de Saint-Germain, Dago avait en effet perdu la flamme qui nourrissait son esprit de mille idées. Elle allait bientôt entrer dans le monde des adultes, avec un plan de carrière bien défini. Sans conviction, elle achevait ses études. Dans un an, elle obtiendrait son diplôme.

Pour finir sa formation, Dago devait élaborer une substance chimique originale. Elle y travaillait consciencieusement — mais sans enthousiasme — depuis trois mois quand son dernier essai se termina par une fulgurante explosion dans le laboratoire de chimie. Les deux mois qui suivirent la déflagration, Dago, qui frôla la mort, les passa à l'hôpital. Mais le hasard fit si bien qu'elle fut soignée par son ami Luka, qui était devenu médecin.

Leur amitié et leur amour refleurirent immédiatement, comme s'ils ne s'étaient jamais quittés. Et Dago retrouva avec Luka tout son génie créateur.

Quand Dago apprit que Luka rêvait de travailler dans un pays du tiers-monde, elle craignit une longue séparation. Comme il ne lui restait plus que quelques jours pour préparer son projet de fin d'études, elle se mit à travailler sans répit pour trouver une substance chimique qui pourrait se révéler utile dans un pays sans ressources. Elle sentait confusément qu'elle approchait de son but, mais n'aboutissait qu'à des voies sans issue. Une nuit, complètement épuisée, elle s'endormit dans son laboratoire et fit une série de rêves remplis d'étincelles, de flammes, de feux d'artifice incendiaires...

À son réveil, Dago se rappela les allumettes réutilisables qu'elle avait jadis inventées. L'illumination lui vint sous forme d'une longue chaîne de molécules tout à fait nouvelle.

Avec l'aide de collaborateurs, elle réussit à inventer rapidement la Dagonite, une substance chimique qui pourrait remplacer à peu de frais le bois comme combustible. Les organismes d'entraide internationale s'intéressèrent immédiatement à ce composé révolutionnaire qui permettrait de limiter la déforestation dans les pays frappés par la désertification.

Dago s'installa donc avec son Luka dans un pays d'Afrique. Ils vécurent heureux, allumèrent des milliers de feux et soignèrent beaucoup d'enfants.

● Laquelle des inventions de Dago trouves-tu la plus farfelue? Pourquoi?

● Connais-tu, toi aussi, une invention saugrenue? Laquelle?

Le brevet d'invention, qu'est-ce que c'est?

Le brevet d'invention est un document officiel délivré par l'État. Il donne aux inventeurs et inventrices le droit d'empêcher toute personne d'utiliser, de copier ou de vendre leur invention pour une période de 20 ans ou moins. Pour obtenir un brevet, les inventeurs doivent donner toutes les caractéristiques de leur invention. Ils doivent aussi démontrer qu'il s'agit d'un produit, d'un procédé ou d'un objet industriel. Chaque année, des milliers d'inventions sont ainsi brevetées.

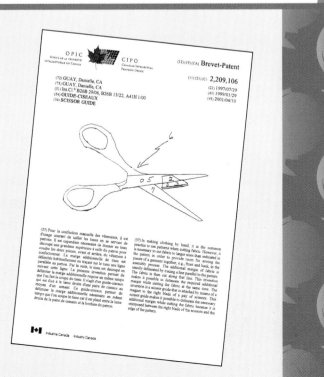

Lis ce texte sur trois femmes qui se sont démarquées dans le monde de l'invention.

Le génie au féminin

Lady Edison

Née aux États-Unis en 1838, Margaret « Mattie » Knight imagina à 12 ans un système d'interrupteur automatique de métier à tisser électrique, mais elle ne fit jamais breveter cette invention. Elle n'obtint son premier brevet que 20 ans plus tard, pour une machine fabriquant des sacs en papier à fond plat au lieu des traditionnels sacs en forme de V. Elle inventa par la suite un nouveau type de moteur d'automobile. Mattie Knight fut surnommée « Lady Edison », du nom du prolifique inventeur Thomas Edison, à cause de ses dons exceptionnels pour la mécanique et des 27 brevets qu'elle déposa. Comme la plupart des inventeurs, cette femme imaginative ne fit cependant jamais fortune.

La fameuse machine à fabriquer des sacs à fond plat inventée par Margaret Knight.

Mary Anderson

En 1903, lors d'un séjour à New York, la jeune Mary Anderson s'étonna de voir les automobilistes grelottants sortir de leurs autos pour essuyer la neige qui s'accumulait sur les pare-brise. Elle commença donc à faire des croquis

pour mettre au point son invention : l'essuie-glace. Le mécanisme qu'elle mit au point était simple et ingénieux. Un levier installé à l'intérieur du véhicule permettait au conducteur ou à la conductrice d'actionner un bras de métal muni d'une bande de caoutchouc qui essuyait le pare-brise. Bien qu'elle ait fait breveter son invention en 1904, Mary Anderson ne l'a jamais vendue. Mais son idée allait faire du chemin, car dès 1913 la plupart des voitures américaines étaient équipées d'essuie-glaces.

L'actrice-inventrice

Dans les années 1930 et 1940, Hedy Lamarr était considérée comme une des plus séduisantes actrices de Hollywood. Mais elle fut aussi une inventrice fermement décidée à aider l'armée américaine pendant la Seconde Guerre mondiale. En 1940, avec le compositeur de musique d'avant-garde George Antheil, elle inventa un système de communication de signaux secrets par ondes radio. Le principe était de transmettre des messages par ondes radio avec des changements de fréquence irréguliers et très rapides, selon un code connu de l'émetteur et du récepteur. De tels signaux auraient pu être émis sans être détectés, déchiffrés ou brouillés par l'ennemi. Malheureusement, l'armée américaine ne s'intéressa qu'une vingtaine d'années plus tard à ce principe de communication militaire génial qui avait été conçu par deux artistes.

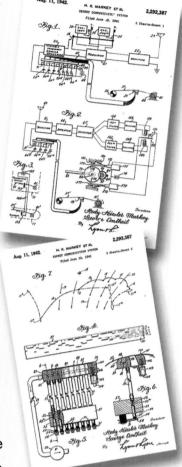

Quelques croquis du brevet déposé par l'actrice Hedy Lamarr et le compositeur George Antheil.

● Selon toi, pourquoi certaines personnes inventent-elles des choses?

● As-tu une idée d'invention utile? Laquelle?

La gomme à effacer liquide

En 1951, Bette Nesmith Graham fut embauchée comme secrétaire par la Texas Bank & Trust à Dallas. Quand elle essayait d'effacer les fautes de frappe à l'aide d'une gomme, les caractères imprimés par le ruban de sa machine à écrire laissaient une trace sombre sur le papier. Bette Graham eut l'idée de préparer de la détrempe blanche pour camoufler ses erreurs. Peu à peu, ses collègues commencèrent à lui emprunter son petit flacon et son pinceau. En 1956, elle avait créé une petite fabrique à domicile et fournissait à ses collègues le liquide correcteur qu'elle préparait artisanalement dans sa cuisine. À sa mort, en 1980, la société qu'elle avait fondée était en plein essor et sa fortune personnelle était estimée à 50 millions de dollars.

Lis ce texte pour connaître un véritable touche-à-tout qui vivait au début du XVIᵉ siècle.

Léonard de Vinci

Léonard de Vinci est né en Italie en 1452. Cet être exceptionnel est l'un des personnages marquants de son époque, une période particulièrement florissante sur le plan artistique.

En plus d'être un peintre de génie, De Vinci était sculpteur, ingénieur, architecte et théoricien. Les princes pour lesquels il travaillait lui demandaient même d'organiser les fêtes! Il excellait dans les effets spéciaux.

En fait, Léonard s'intéressait à tout. Il étudiait le corps humain, les animaux, les plantes, les phénomènes naturels et les machines. Sans cesse, il faisait des croquis et prenait d'innombrables notes pour les livres qu'il projetait d'écrire. Et notre savant écrivait à l'envers! Il fallait un miroir pour lire ses notes!

Le magnifique château de Chambord, en France. Selon des spécialistes, Léonard de Vinci aurait inspiré plusieurs de ses éléments architecturaux, dont un monumental escalier en spirale.

Non seulement Léonard parvint-il à comprendre le monde visible, mais il s'en inspira pour créer de nouvelles choses à son tour. Ce fut en effet un grand inventeur.

À l'époque, l'Italie était en guerre. Léonard a donc inventé pour son pays des machines de guerre redoutables, comme le char d'assaut.

Léonard a aussi inventé des jouets mécaniques, un repousse-échelle, une machine à couper la saucisse, un appareil pour mesurer la force du vent, une tondeuse à moutons, une bicyclette, un parachute et même une voiture à ressorts.

Le « char d'assaut » créé par Léonard de Vinci vers 1485.

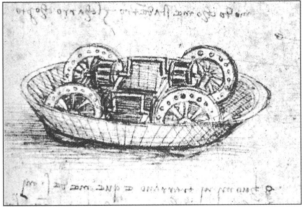

Vue de la mécanique qui se trouvait sous le char d'assaut.

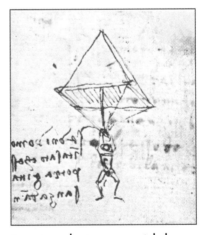

Le parachute pyramidal, une autre invention de Léonard de Vinci.

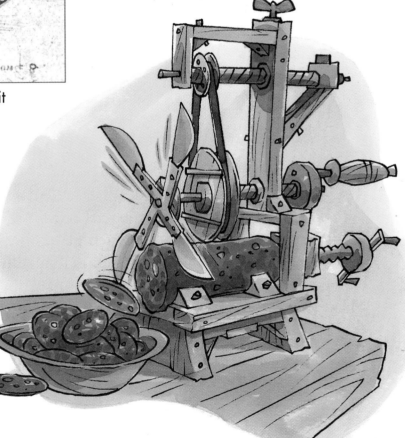

- Trouves-tu, toi aussi, que Léonard de Vinci est exceptionnel ? Explique.

- Que penses-tu de la liste de ses inventions ?

Connais-tu Antoine Joseph Sax ? Il est mieux connu sous le nom d'Adolphe Sax. Lis ce qui suit pour découvrir un inventeur surprenant.

Adolphe Sax

Né à Dinant (Belgique) en 1814, Adolphe Sax grandit dans la tradition de l'industrie du cuivre : la dinanderie. La réputation des chaudronniers et des fondeurs de cuivre s'étendit bientôt jusque dans les salons anglais. Le père d'Adolphe ouvrit un atelier de fabrication d'instruments de musique. Il donna à son fils une éducation musicale très solide : cours de solfège, flûte, clarinette, harmonie. Quatre enfants Sax reprirent le métier de leur père. En 1835, Adolphe dirigeait les ateliers paternels.

Un inventeur d'instruments musicaux

Dans le domaine des instruments à vent, Sax inventa un nouveau système de clarinette basse (des clefs au lieu des doigts pour boucher les trous). Il créa aussi des « monstres » expérimentaux, par exemple un instrument à sept pavillons de différentes longueurs et reliés à une seule embouchure. Il donna son nom aux saxtubas, saxhorns, saxtrombas, etc. Mais c'est surtout au saxophone qu'on pense quand on cite son nom.

Le saxophone est un instrument à l'embouchure de clarinette. Cet instrument vibrant et moelleux peut gronder, gémir, grincer, mais aussi, de sa voix rauque et déchirante, déclamer de langoureuses ballades. Par sa sonorité, il peut tout aussi bien percer le béton que s'intégrer dans la musique classique. C'est un instrument privilégié des musiciens de jazz.

Un inventeur étonnant

En 1839, Sax inventa un appareil servant à mettre un piano au diapason en un tour de vis. Deux ans plus tard, c'est un orgue à vapeur qu'il mit au point. On pouvait l'entendre dans toute la province.

En 1850, il s'est aussi intéressé aux instruments à percussion. Il construisit des timbales, des caisses claires de résonance. Mais son génie créatif ne s'arrête pas là !

De 1849 à 1866, Sax mit encore au point :

- un mécanisme pour augmenter l'intensité des sifflets à vapeur des locomotives ;

- un appareil à faire des inhalations très apprécié des médecins ;

- les plans d'une salle de concert en forme d'œuf où chaque spectateur pouvait voir et entendre parfaitement.

Condamné au malheur

Durant ses quatre-vingts ans de vie (de 1814 à 1894), Adolphe Sax ne réussit jamais à vivre des joies personnelles ou à tirer profit de ses nombreuses inventions. Il ne fut pas reconnu par ses contemporains.

Émigré à Paris dès 1848, installé dans un atelier misérable, il y mourut pauvre comme Job, après avoir souffert de nombreux procès, de problèmes d'argent, de railleries et de moqueries.

Cependant, de son vivant mais surtout après sa mort, de grands musiciens tels que Berlioz, Saint-Saëns, Bizet et Massenet inventèrent ou adaptèrent des œuvres pour le saxophone.

Surprenant, le saxophone ! Découvre-le : écoute cet instrument dans des œuvres variées.

Un mystérieux « bidule » a été livré chez Binta.
Mais à quoi sert-il ?

Le bidule

Claire St-Onge

C'est samedi. Comme tous les samedis, Binta
est seule à la maison, car sa mère travaille.
Comme tous les samedis, Binta passe l'aspirateur et elle s'ennuie. Soudain, l'appareil se
met à crachoter et à vibrer dangereusement.

« Zut ! lance Binta en se laissant tomber sur
le fauteuil. Voilà l'aspirateur qui agonise.
J'avais bien besoin de ça… »

Ding, dong ! Ding, dong !

« C'est peut-être un vendeur d'aspirateurs », se dit-elle, hésitant un peu avant
d'aller ouvrir.

« Livraison spéciale pour le 403 ! lance gaiement un livreur en présentant une
grosse boîte brune. Veuillez signer ici, mademoiselle. »

Le livreur est aussitôt reparti. Binta est plantée au milieu du salon, entre l'aspirateur moribond et ce gros colis mystérieux. Comme cela lui arrive souvent quand
elle est seule, la jeune fille se met à penser tout haut.

« C'est vraiment curieux… Il y a seulement
notre adresse sur la boîte, pas de nom…
Ça ne peut pas être pour moi… Est-ce que
maman va se fâcher si je l'ouvre ? »

La tentation est trop forte. Binta va
chercher les ciseaux et s'attaque au ruban
super adhésif de la boîte anonyme.

« Mais… qu'est-ce que c'est ? » dit-elle en
déballant l'étrange appareil.

Pas de mode d'emploi. Binta fronce
les sourcils. Elle qui croyait pourtant
connaître tous les appareils et accessoires
électriques !

Il faut dire que depuis que Binta et sa mère ont quitté le Cameroun pour venir s'installer au Canada, il y a trois mois, elles ont eu l'occasion de voir dans les grands magasins une multitude d'accessoires qui semblent indispensables à la vie nord-américaine. Au cours de leurs expéditions de magasinage, elles se sont souvent amusées d'inventions plus ou moins inutiles telles que l'ouvre-boîte, la brosse à dents, le taille-moustache et la brosse à friser électriques.

Intriguée, Binta joue avec les pièces démontables de l'appareil. Mais la patience n'étant pas sa plus grande qualité, elle abandonne vite son casse-tête pour s'occuper du souper en attendant le retour de sa mère.

«Binta? C'est quoi, ce machin, dans le salon? s'informe sa mère en entrant dans la cuisine.

— Je croyais que c'était toi qui l'avais commandé, répond Binta.

— Non. C'est sûrement une erreur.

— Ah!... Mais à quoi peut bien servir ce truc?» demande Binta.

Dans leur cuisine, Binta et madame Sangara étudient l'étrange appareil.

«Tu vois… dit Binta, je le branche, j'appuie sur le bouton, le voyant s'allume et le moteur se met en marche… mais pour faire quoi?

— Il y a un petit réservoir avec une grille, poursuit son ingénieure de mère. On dirait une sorte de filtre. Et derrière le panneau, je vois toute une série de petits tubes avec des dents… Et cette petite pièce ressemble à un éjecteur avec son système de blocage…

— Et si on tourne le cadran, des voyants lumineux de différentes couleurs apparaissent. Ils indiquent sûrement quelque chose! Mais à quoi sert ce bidule, à ton avis?

— Aucune idée! Tu pourrais peut-être l'apporter à l'école. Il y a sûrement quelqu'un qui pourra te dire ce que c'est.

— Tu veux rire! s'écrie Binta. Si ce n'était qu'un nouveau modèle de robot culinaire? Je n'ai pas envie qu'on se moque de moi…

— Eh bien ! on n'a plus qu'à attendre patiemment que quelqu'un vienne le réclamer», conclut madame Sangara.

* * *

Le lendemain matin, l'objet hante les pensées de Binta. À bout de patience, elle décide d'aller voir Cédric, le garçon qui travaille au dépanneur du coin, pour lui demander son avis.

«C'est bizarre, dit Cédric en déposant l'appareil sur le comptoir, le nom du fabricant n'est inscrit nulle part… Et il n'y a pas de numéro de série. C'est sûrement un appareil de fabrication artisanale.

— Tu veux dire que c'est une nouvelle invention? demande Binta.

— Ça se pourrait… J'ai une idée ! Laissons ton truc bien en vue sur le comptoir. Peut-être qu'un de nos clients devinera à quoi il peut servir. »

C'est ainsi que Binta passe tout l'après-midi au dépanneur à écouter les commentaires de toutes sortes au sujet de son fameux bidule.

«C'est peut-être un distributeur automatique de graines pour les oiseaux, dit un grand-père.

— Est-ce qu'il faut mettre des sous?» s'enquiert son petit-fils.

«Il manque sûrement des pièces!» avance une étudiante en archéologie.

«C'est peut-être dangereux pour les enfants!» dit une mère inquiète.

«Ce n'est pas très beau, mais si ça peut servir à nettoyer les pinceaux, j'en veux un!» lance un artiste en faisant un grand sourire à Binta.

Il y a beaucoup d'animation au dépanneur en ce dimanche. Tout cela à cause du bidule. Et Binta est loin de s'ennuyer. Elle discute et rit avec Cédric et les clients pendant tout l'après-midi.

En fin de journée, après avoir dit au revoir à tout le monde, Binta retourne chez elle le cœur léger, son bidule sous le bras, en pensant aux merveilleux moments qu'elle vient de passer. Elle se dit qu'elle aimerait bien connaître la personne qui a inventé cette merveilleuse machine à se faire des amis.

● Imagine que madame Sangara finisse par trouver une utilité pratique à la machine. Écris la suite du récit.

Des noms propres devenus communs

Savais-tu que le mot *poubelle* vient du nom de son inventeur? C'est pourtant vrai : monsieur Poubelle était un préfet de la ville de Paris. C'est lui qui imposa l'utilisation de ce contenant. Devines-tu ce qu'inventa monsieur de Sandwich?

Beaucoup de noms communs proviennent en effet de noms de personnes. On peut citer le dahlia (fleur découverte par un monsieur Dahl), l'ampère (unité qui porte le nom du physicien André-Marie Ampère), le klaxon (du nom de son premier fabricant), la montgolfière (invention des frères Montgolfier), etc. Des noms propres de lieux sont aussi à l'origine de nouveaux mots : un jean (de Gênes, une ville d'Italie), une bougie (de Bougie, ville d'Algérie), l'eau de Javel (du village français Javelle).

Voici un récit d'aventures d'un célèbre écrivain américain du début du siècle dernier.

Une aventure de Tom Sawyer

Adapté d'un récit de Mark TWAIN

Un matin, Tom Sawyer, 13 ans, lut dans le journal qu'un ballon dirigeable allait s'envoler vers l'Europe. Occupant pour le moment un vaste terrain vague à la sortie de la ville de Saint Louis, aux États-Unis, le ballon était à la portée des curieux.

Beaucoup de gens entouraient déjà le ballon à l'arrivée de Tom et de ses amis Huck et Jim. Harcelé par de plates moqueries, l'inventeur de l'engin était hors de lui. Cet homme de génie n'était-il pas digne de respect, lui qui avait travaillé d'arrache-pied pour venir à bout de ce grandiose projet?

Les trois amis furent soulagés de voir la foule se disperser peu à peu. Enfin, Tom pouvait examiner de près le fascinant engin. Il y avait sous l'énorme ballon une nacelle assez grande pour offrir tout le confort nécessaire à quelques intrépides qui décideraient de partir en expédition dans les airs. L'artisan de cette œuvre invita les jeunes curieux à y prendre place.

L'ascension

Soudain, les garçons eurent une drôle de sensation. La terre s'éloignait à une vitesse folle. «Victoire! clama l'homme exalté. Je vais leur montrer que mon dirigeable est extraordinaire. Tout est sous contrôle, jeunes gens!» Tom et ses amis s'aperçurent qu'ils étaient seuls à bord avec l'inventeur...

L'homme se fit un plaisir d'expliquer à Tom comment diriger le ballon. Il apprit à monter, à descendre, à atterrir, à changer de cap. C'était un jeu d'enfant, en effet. Quand Tom jugea qu'il avait assez épaté la ville, il voulut atterrir pour de bon. Mais les projets du savant étaient tout autres.

«À l'aventure! s'exclama-t-il. Nous avons des vivres pour trois mois. Et quand nous aurons fait le tour de la terre, je foncerai tout droit dans la mer! Personne d'autre que nous ne montera jamais dans cette merveille, vous entendez?» Les amis restèrent bouche bée.

Durant la nuit, Tom décida qu'il fallait ligoter le pilote fou et atterrir. Morts de peur, ses copains ne voulurent rien entendre. Tom se résolut alors à agir seul. Malheureusement, le jeune imprudent heurta un objet et le vacarme réveilla l'homme, ce qui mit fin au projet de rébellion.

Les déductions de Tom

Le ballon se déplaçait vers l'est, en direction de l'Europe. Selon le savant, sa vitesse variait, en fonction des vents, entre 80 km/h et 500 km/h. Tom craignait par-dessus tout l'océan, cette étendue d'eau infinie dans laquelle le savant fou avait menacé de faire sombrer l'engin.

Au bout d'un moment, Tom aperçut un clocher avec sa longue-vue. L'heure indiquée à l'horloge n'était pas la même que sur sa montre. «Cette horloge a une heure d'avance», fit-il remarquer. Plus loin, une autre horloge indiquait toujours une heure de plus. Ils avaient donc parcouru 15 degrés de longitude depuis la veille, chaque degré correspondant à 4 minutes. Ils devaient être en train de survoler New York, en déduisit Tom.

Le temps d'effectuer tous ces calculs et les trois amis réalisèrent qu'ils étaient... au-dessus de l'océan. «Grands dieux!» s'écria Huck. La splendeur de l'étendue bleue était stupéfiante. Quand Tom se ressaisit, il tenta de convaincre leur kidnappeur de les faire descendre. Rien à faire: il mettait le cap sur l'Angleterre.

La tempête

Lorsque la nuit tomba, le temps devint menaçant.
Et pas seulement le temps, car l'homme, qui avait
beaucoup bu, était maintenant ivre et d'humeur
épouvantable. « Vous voulez quitter le ballon ? Je vais
vous y aider ! » cria-t-il de sa voix pâteuse. Il s'empara
brusquement de Tom et le lança par-dessus bord. Aussitôt,
l'inventeur désespéré se jeta lui-même dans le vide.

Huck et Jim étaient atterrés. Mais à travers leurs pleurs, ils entendirent la voix de
Tom. Étaient-ils devenus fous à leur tour ? En se penchant un peu, Huck aperçut
Tom, accroché à l'échelle de corde qui pendait à l'extérieur de la nacelle. « C'est
un miracle ! cria-t-il. Vite, monte à bord ! » Tom tremblait de froid. Jim le couvrit
d'une fourrure et lui apprit que le pauvre inventeur n'était plus de ce monde.

Terre !

Après une nuit d'orage, mais de sommeil profond, les trois amis se réveillèrent
séchés par le soleil. Les événements de la veille leur semblaient irréels. « Il faut
se reprendre en main, déclara Tom avec fermeté. Les vents nous ont sans doute
poussés vers le sud-est. Où nous sommes, je l'ignore, mais je crois que le mieux
est de mettre le cap sur l'est. »

Ses amis auraient bien sûr préféré regagner
l'Amérique, mais Tom voulait absolument atterrir
en Angleterre, où il espérait être accueilli comme
un héros. Bientôt, les garçons s'écrièrent :
« Terre ! » Mais cette terre ressemblait de plus en
plus à un désert et pas le moins du monde à
une ville. « Atterrissons, décida Tom. Nous
croiserons bien quelqu'un. »

À quelques mètres du sol, les trois amis
furent saisis d'effroi lorsqu'ils entendirent
le rugissement de plaisir de celui qui
les accueillait : un lion ! L'équipage avait
atteint non pas l'Europe, mais bien
l'Afrique. Le voyage de Tom Sawyer était
loin d'être terminé...

- Selon toi, comment cette aventure va-t-elle se terminer ?
- Comment te sentirais-tu à la place des trois amis ?

Pour exprimer le passé, on emploie souvent le passé composé.
On dit que ce temps est composé parce qu'il est formé d'un auxiliaire,
le verbe avoir ou être, et du participe passé du verbe.

Le passé composé

Au passé composé, on conjugue l'auxiliaire au présent.

auxiliaire avoir	participe passé		auxiliaire être	participe passé
J' **ai**	**fini** .	Je	**suis**	**arrivé** .

Passé composé avec l'auxiliaire avoir			Passé composé avec l'auxiliaire être		
J'	ai	aimé	Je	suis	venu, venue
Tu	as	aimé	Tu	es	venu, venue
Il / Elle	a	aimé	Il / Elle	est	venu, venue
Nous	avons	aimé	Nous	sommes	venus, venues
Vous	avez	aimé	Vous	êtes	venus, venues
Ils / Elles	ont	aimé	Ils / Elles	sont	venus, venues

Quelques remarques

● La majorité des verbes se conjuguent avec l'auxiliaire
avoir.

● Certains verbes qui expriment le mouvement, comme
aller, *arriver*, *partir*, *tomber* et *venir*, et d'autres comme
devenir, *naître*, *mourir* et *rester* se conjuguent avec
l'auxiliaire être.

● Plusieurs verbes dits pronominaux, comme *se lever*,
se souvenir et *se tromper*, se conjuguent avec
l'auxiliaire être.

En effet, on ne dit pas « j'ai tombé », « j'ai parti », « je m'ai levé »
ou « je m'ai trompé », mais bien « je suis tombée », « je suis partie »,
« je me suis levée » ou « je me suis trompée ».

Observe bien les encadrés suivants.
Ils t'aideront à former des phrases interrogatives.

L'interrogation en question

- On ajoute à la phrase déclarative l'expression interrogative *est-ce que* et on termine la phrase par un point d'interrogation.

Phrase déclarative	Phrase interrogative
Dago aime beaucoup son ami Luka.	*Est-ce que Dago aime beaucoup son ami Luka?*

- On déplace le pronom après le verbe et on le relie au verbe par un trait d'union. On termine la phrase par un point d'interrogation.

Phrase déclarative	Phrase interrogative
Il veut trouver la réponse.	*Veut-il trouver la réponse?*

- Après le verbe, on ajoute le pronom de conjugaison à la troisième personne, féminin ou masculin, pluriel ou singulier selon le cas, et on le relie au verbe par un trait d'union. On termine la phrase par un point d'interrogation.

Phrase déclarative	Phrase interrogative
Le brevet permet de protéger le système qu'on a inventé.	*Le brevet permet-il de protéger le système qu'on a inventé?*

- On peut aussi employer des mots interrogatifs. On place le mot interrogatif en début de phrase et le pronom sujet après le verbe. Le point d'interrogation vient terminer la phrase.

Phrase déclarative	Phrase interrogative
J'aime cette invention.	*Pourquoi aimes-tu cette invention?*

Sais-tu comment accorder le participe passé lorsqu'il est employé avec l'auxiliaire être ? Observe bien.

Le participe passé avec l'auxiliaire être

● Si le nom sujet est **masculin pluriel**, le participe passé est lui aussi **masculin pluriel**.

Les trois | ***amis*** | *sont* *mont és dans le ballon.*
nom m. pl.

● Si le nom sujet est **féminin singulier**, le participe passé est lui aussi **féminin singulier**.

Cette importante | ***invention*** | *est deven ue très populaire.*
nom f. s.

● Si le nom sujet est **masculin singulier**, le participe passé est lui aussi **masculin singulier**.

Le | ***mot*** | *poubelle nous est ven u de son inventeur, M. Poubelle.*
nom m. s.

● Si le pronom sujet est **féminin pluriel**, le participe passé est lui aussi **féminin pluriel**.

Elles | *sont arriv ées tard hier soir.*
pronom f. pl.

Donc, pour accorder le participe passé employé avec l'auxiliaire être, il suffit de :

● Repérer le pronom sujet ou le nom qui est le noyau du groupe du nom sujet.

● S'interroger sur le genre et le nombre de ce pronom ou de ce nom.

● Donner au participe passé les marques de genre et de nombre de ce pronom ou de ce nom.

Attention ! Lorsque le participe passé se conjugue avec le verbe avoir, il ne s'accorde jamais avec son sujet.

M. Poubelle a donné son nom à son invention.

Dégager le sujet d'un paragraphe

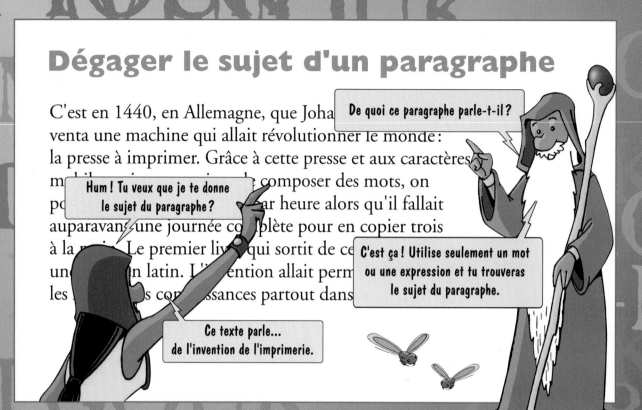

C'est en 1440, en Allemagne, que Joha... venta une machine qui allait révolutionner le monde : la presse à imprimer. Grâce à cette presse et aux caractères ...bil... ...composer des mots, on p... ...ar heure alors qu'il fallait auparavant une journée co...plète pour en copier trois à la m... Le premier liv... qui sortit de ce... un... ...n latin. L'i...ention allait perm... les ...s co...ssances partout dans...

De quoi ce paragraphe parle-t-il ?

Hum ! Tu veux que je te donne le sujet du paragraphe ?

C'est ça ! Utilise seulement un mot ou une expression et tu trouveras le sujet du paragraphe.

Ce texte parle... de l'invention de l'imprimerie.

Terminaisons des verbes au présent de l'indicatif

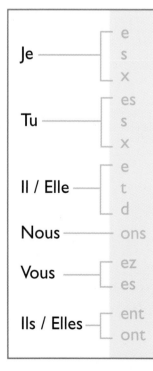

Je
- e — pour les verbes de la 1re conjugaison
- s — pour les verbes de la 2e conjugaison
- x — pour les verbes *vouloir*, *pouvoir* et *valoir*

Tu
- es — pour les verbes de la 1re conjugaison
- s — pour les verbes de la 2e conjugaison
- x — pour les verbes *vouloir*, *pouvoir* et *valoir*

Il / Elle
- e — pour les verbes de la 1re conjugaison
- t — pour les verbes de la 2e conjugaison
- d — pour les verbes dont la finale à l'infinitif est dre

Nous
- ons — pour tous les verbes, peu importe la conjugaison

Vous
- ez — pour tous les verbes, peu importe la conjugaison
- es — pour les verbes *dire*, *être* et *faire*

Ils / Elles
- ent — pour tous les verbes, peu importe la conjugaison
- ont — pour les verbes *aller*, *avoir*, *être* et *faire*

• La symphonie •

DANS L'IMMENSE CLAIRIÈRE, AVI-NOUK DIRIGEA AVEC UNE INCROYABLE EFFICACITÉ UN DES PLUS AUDACIEUX CHANTIERS JAMAIS ENTREPRIS DE MÉMOIRE D'ANKOROIS.

L'AIDE DES GRIMPEURS FUT ENCORE UNE FOIS DES PLUS PRÉCIEUSES.

LA GÉNIALE POLYSYMPHONIE DES CLANS QU'IKI-TOUK AVAIT COMPOSÉE DANS UNE SORTE DE TRANSE SE TROUVAIT INSCRITE DANS UNE IMMENSE PORTÉE MUSICALE À MULTIPLES DIMENSIONS QUI ENREGISTRAIT AU MOINS MILLE MOUVEMENTS. SEUL IKI-TOUK POUVAIT Y LIRE LA PROFONDE RICHESSE MUSICALE, BIEN SÛR...

... MAIS TOUS LES ANKOROIS POUVAIENT EN ADMIRER LA SAISISSANTE BEAUTÉ.

Lis ces informations sur d'importants phénomènes physiques.

Dossier son et lumière

Le son

Le son est produit par la vibration d'un objet dans l'air. L'air qui vibre passe par ton oreille et fait vibrer ton tympan. C'est ce qui te permet d'entendre le son.

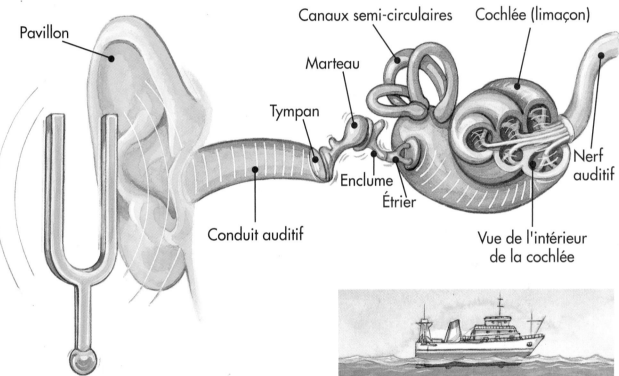

Pavillon

Canaux semi-circulaires

Cochlée (limaçon)

Marteau

Tympan

Nerf auditif

Enclume

Étrier

Conduit auditif

Vue de l'intérieur de la cochlée

Dans l'espace, le son ne peut pas se propager. Le son ne voyage que dans un milieu où il y a un liquide, un solide ou un gaz, comme l'air. Le son voyage à 334 mètres par seconde dans l'air, à 1461 mètres par seconde dans l'eau et à 5000 mètres par seconde dans l'acier.

Le sonar est un appareil qui permet de détecter des objets dans l'eau en envoyant des ultrasons. Les ultrasons sont renvoyés au navire sous forme d'écho.

Les ondes sonores

Dans la matière liquide, solide ou gazeuse, le son voyage sous forme d'ondes, ou de vibrations (illustration ci-dessous). On appelle *longueur d'onde* la distance entre deux crêtes ou deux creux d'une onde sonore. Les ondes qui ont une longue longueur d'onde, comme l'onde **a**, produisent des sons graves. Ce sont des ondes à basse fréquence. Les ondes qui ont une courte longueur d'onde, comme l'onde **b**, produisent des sons aigus. Ce sont des ondes à haute fréquence.

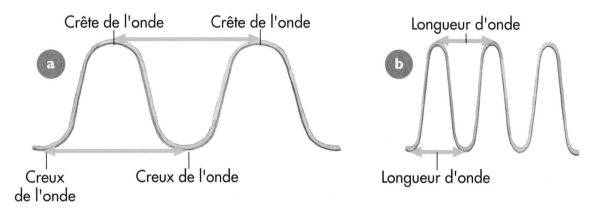

La fréquence d'un son est mesurée en hertz. Un hertz équivaut au passage d'une longueur d'onde par seconde ou, autrement dit, au passage d'une « vague » par seconde. L'oreille humaine perçoit les sons qui ont des fréquences comprises entre 20 hertz et 20 000 hertz. On appelle *infrasons* les sons qui ont des fréquences inférieures à 20 hertz et *ultrasons* ceux qui ont des fréquences supérieures à 20 000 hertz.

Pour localiser ses proies, la chauve-souris émet des ultrasons de 100 000 hertz. Elle capte ensuite l'écho avec ses grandes oreilles. C'est ce qu'on appelle l'*écholocalisation*.

La lumière

Qu'est-ce que la lumière ? C'est ce qui nous permet de voir les choses. Il y a la lumière naturelle, celle du soleil, sans laquelle il n'y aurait pas de vie possible sur terre.

Il y a aussi la lumière artificielle, celle qui est produite par des ampoules électriques par exemple.

Pour les scientifiques, la lumière reste un phénomène un peu mystérieux. Parfois, elle se comporte comme un jet de particules qui voyagent en ligne droite. On appelle ces particules des *photons*. Parfois, elle est une forme d'énergie qui voyage dans l'espace sous forme d'ondes qu'on appelle *ondes électromagnétiques*.

La vitesse de la lumière

Contrairement au son, la lumière peut se propager dans l'espace. Dans le vide, la lumière voyage à 300 000 kilomètres à la seconde. Ainsi, si tu pouvais voyager à la vitesse de la lumière, tu pourrais faire sept fois le tour de la terre en une seconde !

La vitesse de la lumière ralentit à 200 000 kilomètres à la seconde lorsqu'elle voyage dans le verre et à 100 000 kilomètres à la seconde dans le diamant.

À la vitesse de la lumière, aller de la tour Eiffel à Paris jusqu'à la statue de la Liberté à New York ne prendrait que un dixième de seconde !

LES ONDES

Imagine que tu jettes une pierre dans un bassin d'eau calme. Que se passera-t-il? Tu verras se former une série de vaguelettes circulaires autour de l'endroit où tu auras jeté la pierre. Ces vaguelettes, ce sont des ondes. Imagine ensuite qu'un bouchon de liège flotte à la surface de l'eau. Sera-t-il poussé plus loin par les ondes de l'eau? Non, car une des propriétés des ondes est de voyager sans déplacer de matière avec elles. Ainsi, les ondes sonores produites par les instruments de musique traversent une salle de concert sans déplacer l'air qui s'y trouve.

Les ondes électromagnétiques

La lumière fait partie de la grande famille des ondes électromagnétiques qui comprend les ondes radio, les micro-ondes, les rayons ultraviolets, les rayons X et les rayons gamma. Ces ondes ont des longueurs très différentes. Les plus longues, celles des ondes radio, mesurent plusieurs kilomètres. Les plus courtes, celles des rayons gamma, mesurent moins d'un millionième de millionième de mètre. Les longueurs d'ondes de la lumière visible, c'est-à-dire la lumière que notre œil perçoit, mesurent de 390 à 580 milliardièmes de mètre.

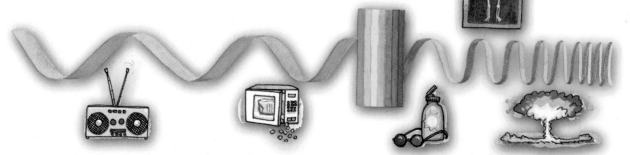

Des ondes les plus longues, les ondes radio, aux plus courtes, celles des rayons gamma.

Les couleurs du spectre

Au XVIIe siècle, le grand savant Isaac Newton a eu l'idée de faire passer la lumière du soleil à travers un prisme de verre. Il a alors prouvé que la lumière blanche du soleil était formée de sept couleurs : le violet, l'indigo, le bleu, le vert, le rouge, l'orangé et le jaune. Ce sont les couleurs que tu vois dans un arc-en-ciel quand les rayons du soleil passent à travers de fines gouttes d'eau dans l'air.

Des expériences

Divise un cercle de carton en sept sections identiques. Colorie chaque section d'une des couleurs du spectre. Fais ensuite passer un crayon au centre du cercle après avoir percé un trou. Fais tourner le disque sur lui-même très rapidement. Qu'observes-tu ?

Prends quatre bouteilles de verre de même format. Verse des quantités d'eau différentes dans chaque bouteille. Frappe-les ensuite délicatement avec une cuillère. Qu'observes-tu ? Comment peut-on expliquer ce phénomène ?

Lis le titre, les intertitres et l'introduction de ce texte.
Dis ensuite dans quel but tu pourrais le lire.

Les grandes familles d'instruments de musique

Un jour, pour bien s'y retrouver, on a décidé de classer les instruments de musique par familles. On a donc rangé dans la famille des percussions les instruments qui produisent des sons quand on les frappe. On a regroupé dans la famille des vents les instruments qui produisent un son quand on souffle dedans. Enfin, on a appelé *cordes* la famille des instruments munis de cordes.

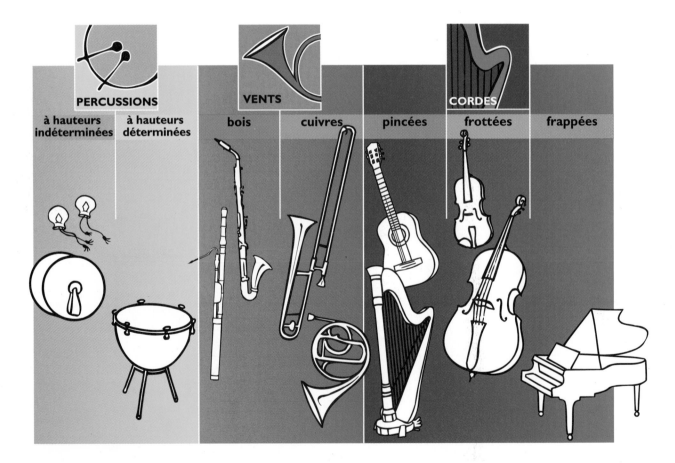

PERCUSSIONS		VENTS		CORDES		
à hauteurs indéterminées	à hauteurs déterminées	bois	cuivres	pincées	frottées	frappées

Les percussions

Les instruments à percussion sont probablement les plus anciens instruments de musique, car ils sont simples à construire et faciles à utiliser. En fait, tout objet qui produit un son quand on le frappe est un instrument à percussion.

Comme tu le vois sur le schéma de la page 122, il y a deux catégories d'instruments à percussion : les instruments à hauteurs indéterminées et les instruments à hauteurs déterminées.

Les instruments à hauteurs indéterminées

Tu as déjà en tête la grosse caisse ou la caisse claire ? Bravo ! Ces instruments sont en effet des instruments à percussion qui produisent des sons à hauteurs indéterminées, c'est-à-dire qu'ils ne peuvent jouer des sons d'une hauteur précise. Les cymbales et le tam-tam sont aussi des instruments à hauteurs indéterminées, tout comme le bongo, les grelots, les castagnettes, les claves et les maracas, dont on se sert pour donner des couleurs exotiques à la musique.

Peux-tu nommer tous les instruments de percussion à hauteurs indéterminées qui apparaissent sur la photo ?

Les instruments à hauteurs déterminées

Les instruments à percussion à hauteurs déterminées produisent des notes précises. C'est ce que le mot *déterminé* veut dire ici.

Le xylophone fait partie de cette catégorie. Les timbales accordables sont aussi des instruments à percussion à hauteurs déterminées, de même que certains instruments à clavier comme le vibraphone, le marimba, le célesta, le glockenspiel et le carillon.

Les lames du xylophone sont en bois ; celles du glockenspiel sont en métal.

Les vents

Un instrument à vent, c'est avant tout un tuyau. Quand on souffle dans ce tuyau, on fait vibrer la colonne d'air qui s'y trouve enfermée. C'est cette vibration qui produit un son.

Plus la colonne d'air est longue et plus le son est grave. Ainsi, en bouchant des trous avec leurs doigts, les flûtistes font varier la longueur de la colonne d'air dans le tuyau et produisent des notes de différentes hauteurs.

Comme tu l'as vu à la page 122, il y a deux grandes catégories d'instruments à vent : les bois et les cuivres.

Les bois

On dit que la flûte traversière et la flûte à bec sont des bois à embouchure, car les musiciens soufflent dans l'embouchure pour produire le son.

La clarinette, le saxophone, le hautbois et le basson sont des bois à anches. Ces instruments sont en effet munis d'une ou de deux languettes de roseau appelées *anches*. C'est en soufflant sur les anches pour les faire vibrer contre l'embouchure que les instrumentistes produisent des sons.

Les cuivres

La trompette, le cor, le trombone et le tuba sont composés d'un long tuyau enroulé sur lui-même. Ce sont les cuivres les plus connus. Pour en jouer, il faut presser ses lèvres l'une contre l'autre et souffler en faisant pfuit, pfuit. On fait ainsi vibrer ses lèvres contre l'embouchure en entonnoir de ces instruments. C'est cette vibration qui crée le son.

Basson

Clarinette

Saxophone

Cor

Trombone

Les cordes

Les instruments à cordes traditionnels sont composés d'une caisse sur laquelle se trouvent des cordes tendues sur un chevalet. La caisse, qu'on appelle *caisse de résonance*, sert à amplifier les vibrations des cordes que l'instrumentiste pince, frappe ou frotte pour créer le son.

Parmi les instruments à cordes pincées, il y a la guitare, la harpe, le luth, le banjo, la balalaïka et le clavecin.

Les instruments à cordes frottées sont le violon, l'alto, le violoncelle et la contrebasse. Pour faire vibrer les cordes, les instrumentistes les frottent à l'aide d'un archet.

Le plus connu des instruments à cordes frappées est le piano.

Balalaïka

Banjo

Guitare

Violon

Archet

Ratatam !

Savais-tu que...

... le nom *percussion* vient du mot *percuter* qui veut dire battre, donner un choc.

... la taille du tambour détermine le son. Plus le tambour est gros, plus le son est grave.

Voici de brèves descriptions de quelques instruments de musique courants chez les peuples autochtones au temps de la colonie.

Musique amérindienne

La musique, les chants et la danse faisaient partie de la vie quotidienne des Amérindiens d'autrefois. De plus, ils marquaient des cérémonies importantes liées à la guérison des malades, à l'agriculture, à la chasse, à la guerre, aux unions, à la naissance et à la mort. Ces pratiques rituelles servaient la plupart du temps à communiquer avec « le monde d'en haut » et « l'esprit des animaux ». Pour rythmer les mouvements des danseurs et soutenir le chant, les Amérindiens ont créé, à partir de matériaux naturels, des instruments de musique variés, mais surtout des instruments à percussion.

Les hochets

Un instrument à percussion très courant, le hochet, pouvait être attaché aux vêtements. Faits d'un assemblage de sabots de cerf ou encore de carapaces de tortues contenant des galets, les hochets avaient un aspect surprenant.

Les courges aussi pouvaient servir d'instruments de musique. Les danseurs et les chanteurs secouaient ces courges vidées et séchées dans lesquelles étaient enfermés des grains de maïs, des haricots secs ou des pierres. Véritables petites œuvres d'art, les courges étaient décorées avec des plumes et des gravures.

Flûtes et sifflets

On recourait aux instruments à vent
lors de différentes cérémonies. Ainsi,
les Iroquois utilisaient un sifflet pour guérir et
des flûtes pour faire la cour. D'autres Amérindiens
soufflaient dans le tuyau de la plume d'oie, qui est creux.
C'était là une flûte très délicate. Ils utilisaient également
des os de dindons sauvages, des noix, des graines
et des courges pour fabriquer des sifflets.

Le tambour

Le tambour est l'instrument par excellence pour
cadencer les pas des danseurs. Il était très populaire
chez les Amérindiens. Mais ne possédait pas
un tambour qui le voulait, car cet instrument
de percussion servait à entrer en contact avec
le sacré. Les Montagnais, un peuple algonquien,
l'utilisaient par exemple pour deviner où se
trouvait le repaire de l'ours qu'ils voulaient chasser.

On fabriquait le tambour avec un cerceau de bois
sur lequel on tendait une peau d'animal. Des osselets
retenus par une corde de nerf émettaient un son
bien particulier quand on agitait
l'instrument. On remuait aussi
un tambour contenant
des pierres, puis on le
frappait au sol. Les
Iroquois jouaient de
plus du tambour
d'eau : un petit baril
de bois partiellement
rempli d'eau sur lequel
une peau était tendue.

- Connais-tu d'autres instruments de musique traditionnels ? Lesquels ?
- As-tu déjà entendu de la musique ou des chants amérindiens ? Raconte.

Voici un conte classique sur un réverbère des temps anciens.

Le vieux réverbère

Hans Christian ANDERSEN

Autrefois, les rues étaient éclairées par de jolis réverbères à huile. Ainsi, chaque jour, une personne voyait à l'entretien d'un réverbère. Elle devait non seulement l'allumer le soir et l'éteindre au matin, mais aussi y verser de l'huile et bien l'astiquer pour qu'il luise. Le bonheur de chaque réverbère dépendait en grande partie de la personne qui s'occupait de lui.

Le héros de cette histoire, un vieux réverbère, recevait chaque soir et chaque matin les attentions non pas d'une seule personne fiable et aimante, mais de deux. C'était en fait un couple aussi vieux que le réverbère, car l'homme et la femme avaient commencé leur carrière de veilleurs de nuit lorsque le réverbère avait été installé sur le trottoir.

Après de longues années, le couple avait décidé de prendre sa retraite. De son côté, la mairie de la ville voulait remplacer cet objet des temps anciens, le vieux réverbère, par un neuf. Dès le lendemain, trente-six personnes employées par la ville décideraient de son sort. Serait-il envoyé à la campagne ? à la ferraille ? dans une fonderie ? Le vieux réverbère s'inquiétait. Il désespérait à l'idée de ne plus jamais revoir ses bienfaiteurs et de ne plus jamais rendre service aux gens. Il se savait encore très bien capable d'éclairer les rues les plus sombres. Mais comment en convaincre la ville ?

Nostalgique, il songeait aux bons moments qu'il avait vécus sur son trottoir lorsque, soudain, le vent se mit à souffler très fort. «Vieux réverbère, siffla le vent, je viens d'apprendre que tu vas partir. Je tiens à te faire un cadeau d'adieu qui rendra ta vie plus belle. L'air que je vais souffler en toi te permettra de te rappeler toutes les belles choses que tu as vues et d'entendre tout ce que les gens diront ou liront. Ta vieillesse sera heureuse!»

Le vieux réverbère eut à peine le temps de remercier le vent qu'une étoile filante se précipita vers lui. «Brillant réverbère, dit-elle, avec cette étincelle que t'offrent les étoiles du ciel, tu pourras voir très clairement toutes les belles choses dont les gens parleront autour de toi, et eux aussi pourront tout voir nettement. Adieu, ami lumineux!»

Le vieux réverbère était tout heureux de ce précieux cadeau. Mais le vent lui fit comprendre qu'il ne pourrait rien faire voir aux gens s'il n'était pas éclairé de l'intérieur par une bougie. Hélas! ses amies les étoiles n'avaient pas pensé à lui en donner une.

Le soir suivant, le vieux réverbère se retrouva sur un bon fauteuil douillet chez ses deux vieux amis, les gardiens de nuit. En effet, ses compagnons dévoués avaient réussi à convaincre les trente-six employés de la ville de leur céder l'objet considéré comme inutile. Près du feu, le vieux réverbère sentait une chaleur qui lui rappelait celle du soleil. Le petit appartement modeste de ses amis lui semblait un havre de paix.

Profitant de leur retraite, les vieux amoureux passaient de merveilleuses heures à lire leurs livres sur des pays lointains. Le réverbère entendait tout de son fauteuil et voyait les incroyables scènes qui s'y passaient. Il faisait un réel tour du monde. La mer, le désert, la plaine, la jungle, il les percevait comme s'il était devant eux. Que de merveilles! Mais le vieux réverbère était un peu triste de ne pouvoir partager cela avec ses compagnons, faute de posséder une bougie...

Une nuit, le réverbère fit un rêve fabuleux. À la fonderie, on l'avait transformé en un joli bougeoir. Puis un forgeron l'avait offert à son fils, un jeune poète. Dans sa chambre, le jeune homme avait installé le bougeoir sur sa table d'écriture et y avait allumé une bougie. Lorsque le poète s'était mis au travail, le vieux réverbère devenu bougeoir vit clairement toutes les magnifiques images que l'écrivain mettait en vers et les fit apparaître sur les murs de la chambre. Quelle belle nuit ils avaient passée tous deux!

Le lendemain, à son réveil, le vieux réverbère se sentit plus serein que jamais. Même s'il n'avait pas de bougie, il savait que ses deux amis avaient besoin de lui et qu'ils l'aimaient tel qu'il était. Ensemble, ils passèrent de belles journées, de belles semaines, de belles années. Et quand un nuage assombrissait un instant l'esprit du vieux réverbère, il pensait au jour où une simple petite bougie viendrait illuminer encore plus sa belle et longue vie.

- Si tu avais le choix entre le cadeau du vent et celui des étoiles, lequel choisirais-tu? Pourquoi?

- Que pourrait-il arriver au réverbère plutôt que de se retrouver chez un poète sous forme de bougeoir?

Tambours

Tambours
Tambours
Tambours

Tambours
Tous les tambours

Tous les tambours du temps
résonnent à la fois
et les vents gris, l'âme des vents
les vents d'antan
chantent

Tambours
Tous les tambours

Il fait nuit si souvent
au profond de ces voix
du passé qui nous hantent

On y trouve des noms, la rose d'un visage
Tous les tambours du roi
On y entend des soirs d'un rouge grégorien

Tambours
Tous les tambours

L'accent aigu d'un paysage
Et puis tout, et puis rien
Pourquoi ?

Tous les tambours
Tambours des vagues désarrois

Ce fut toi
Ce fut moi

Ils résonnent encore
        C'est l'amour, c'est la mort
        C'est la mort, c'est l'amour

Tambours
Tous les tambours du temps
se tairont à la fois

Louis CALAFERTE

(*Ragtime*, © Éditions Denoël)

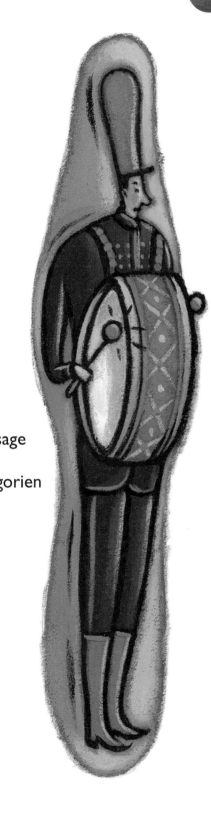

Tu aimes les feux d'artifice ? Lis ce texte informatif pour mieux les connaître.

Les feux d'artifice

On croit que les feux d'artifice ont été inventés par hasard en Chine, vers l'an 100, à peu près au même moment que la poudre à canon. À cette époque, les Chinois envoyaient des flèches étincelantes de couleurs vers leurs ennemis pour les terroriser. Il semble qu'ils se soient aussi servis de ces flèches de feu dans l'espoir d'éloigner des démons.

Vers l'an 1500, on a commencé à utiliser les feux d'artifice en Italie pour se divertir lors de grandes occasions. La mode s'est peu à peu répandue en Europe, puis partout dans le monde. Aujourd'hui, la pyrotechnique, l'art des feux d'artifice, fait l'objet de concours internationaux. On juge les feux selon l'originalité du dessin, l'harmonie des formes et des couleurs, et leur caractère spectaculaire.

Composition du feu d'artifice

Le feu d'artifice est divisé en deux sections principales. La section inférieure, soit la partie propulsive, est remplie de poudre noire. Quand on met le feu à la mèche fusante, la poudre s'enflamme et des gaz s'échappent, ce qui a pour effet de propulser la fusée dans les airs avec un sifflement bien caractéristique.

Une mèche de retard s'enflamme à son tour pendant quelques secondes. Une fois la fusée dans les airs, la mèche enflamme le contenu de la section supérieure, c'est-à-dire la charge d'éclatement, de la poudre, entourée de divers sels métalliques, les étoiles, qui produisent les formes et les couleurs. Comme les gaz ne peuvent pas s'échapper de cette deuxième section, cela cause une énorme pression qui fait rapidement exploser la coquille en répandant des étincelles colorées dans toutes les directions.

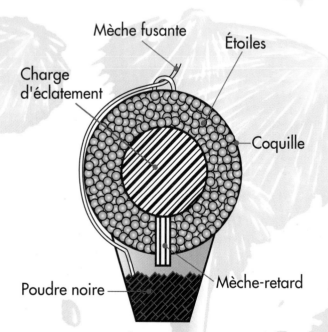

La pièce pyrotechnique aérienne est divisée en deux sections. C'est la section supérieure qui produit l'effet spectaculaire.

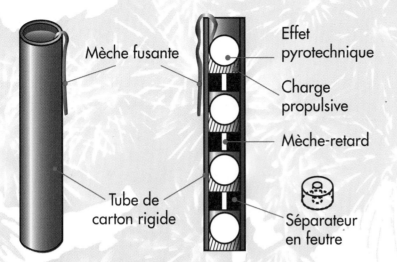

Mèche fusante

Effet pyrotechnique

Charge propulsive

Mèche-retard

Tube de carton rigide

Séparateur en feutre

On met souvent plusieurs pièces pyrotechniques dans un tube pour obtenir un enchaînement d'effets.

Métier : artificier

La manipulation des feux d'artifice est une opération délicate et dangereuse, car certains artificiers les allument toujours manuellement. De nos jours, toutefois, beaucoup d'artificiers les allument à bonne distance à l'aide d'une allumette électrique et d'un tableau de contrôle liés à de puissants ordinateurs, en synchronisme avec une bande sonore choisie pour s'harmoniser avec le spectacle visuel.

Artificiers au travail. La pyrotechnique est un art millénaire qui n'est pas près de s'envoler en fumée !

● As-tu appris de nouvelles choses sur les feux d'artifice ? Lesquelles ?

On te propose ici de fabriquer une lampe que tu pourras offrir à Noël et de faire un orchestre de verre pour divertir tes parents et amis lors du temps des fêtes.

Sons et lumière pour Noël

Une lampe d'inspiration chinoise

Tamise ton éclairage avec un abat-jour en papier fin, comme on le fait en Chine.

Matériel

- ✴ Du papier de bricolage
- ✴ Des ciseaux
- ✴ Du papier de riz ou de soie
- ✴ De la colle
- ✴ Une ampoule de 25 watts ou moins dans sa douille avec un fil et une fiche

Réalisation

1. Découpe deux languettes de papier de bricolage d'au moins 2 centimètres sur 25 centimètres.

2. Colle entre les deux un morceau de papier de riz ou de soie de la même longueur (25 centimètres) et d'au moins 15 centimètres de haut.

3. Découpe une forme de sapin et colle-la sur le rectangle de papier.

4. Colle les deux extrémités du rectangle de papier pour former un cylindre, en laissant une légère ouverture au bas.

5. Installe l'ampoule à l'intérieur de la lampe et passe le fil électrique par la petite ouverture.

Un orchestre de verre

Tu as déjà vu des artistes se servir de plusieurs coupes pour faire de la musique insolite? À ton tour, maintenant!

Matériel

☆ De vieilles coupes à vin non ébréchées

☆ De l'eau

☆ Des colorants alimentaires

Réalisation

1. Verse différentes quantités d'eau dans les coupes.

2. Ajoute une goutte de colorant alimentaire dans chacune. Fais des mélanges.

3. Dispose joliment les coupes en une rangée.

4. Du bout de l'index, que tu auras d'abord humecté, frotte le pourtour des coupes en tournant. Cela produira divers sons cristallins. Exerce-toi avec un ou deux amis en vue de donner un concert dont votre public se souviendra longtemps!

● Connais-tu d'autres moyens originaux de produire des sons insolites? Lesquels?

● As-tu d'autres idées de motifs pour ta lampe chinoise? Lesquelles?

Lis ce texte pour en savoir plus sur les fêtes et la notion de partage des premières nations au temps de la colonisation.

Fêtes de partage

Dans la culture amérindienne traditionnelle, le partage était une valeur de première importance. Chez les Iroquoiens, par exemple, l'esprit de don et de partage que nous soulignons à Noël faisait partie de la vie quotidienne. Les tâches et le fruit des labeurs étaient équitablement distribués, de sorte que les biens du clan appartenaient à tous ses membres. Les liens de solidarité qui s'établissaient entre les membres étaient essentiels à la tribu, et les périodes de festivités contribuaient grandement à les renforcer.

Les occasions de fêter

Chaque événement — mariage, baptême, visite d'autres tribus, notamment pour échanger des biens, assister à des funérailles ou faire une déclaration de guerre — avait ses propres rituels. Lors des cérémonies qui marquaient la fin des récoltes, par exemple, on dispersait des cendres pour symboliser la fin de l'année et on allumait de nouveaux feux pour représenter celle qui commençait. Toutes les fêtes comportaient de la danse, des chants, de la nourriture et des présents pour accueillir dignement les invités. Quant aux visiteurs, ils se présentaient parés de leurs plus beaux atours, le corps et le visage peints pour l'occasion.

Représentation par un Européen de la spectaculaire fête des morts chez les Hurons, un peuple iroquoien.

Le repas

Considérée comme un cadeau de la nature et de l'esprit des animaux, la nourriture revêtait un caractère sacré. Lors des repas, les chants et les battements de tambour rituels se terminaient par le *makoucham*, une danse qui avait pour but de rendre hommage à la terre nourricière. Selon la saison, on servait du saumon, du phoque, du caribou, de l'orignal, du porc-épic, de l'ours, des framboises, des bleuets et des atocas.

L'artiste a donné à son dessin le titre suivant: *Réjouissances des peuples du Canada pendant que l'on porte le défunt dans la cabane des morts.*

Les mythes

En racontant des légendes, les Anciens transmettaient leur savoir aux plus jeunes de la communauté. Lors des réjouissances, les mythes étaient mimés et chantés devant toute la tribu. Aux yeux des Amérindiens, les animaux possédaient des pouvoirs surnaturels et ils jouaient un rôle aussi important que les humains dans l'univers. Par exemple, la Tortue représentait la terre et la Petite Tortue, le ciel. Ces bêtes étaient associées à des esprits bienveillants, alors que les serpents incarnaient des esprits maléfiques, tout comme les Bisons sorciers.

Emblème des Hurons, d'après un artiste européen.

L'esprit du don

Chez les peuples des premières nations, beaucoup de gestes quotidiens, comme la chasse ou les repas, étaient liés à des rites de danse et de chant. De plus, l'esprit de partage se manifestait dans la vie de tous les jours, à travers l'hospitalité par exemple : si un étranger se présentait pour demander le gîte et le couvert, on l'accueillait automatiquement et aussi longtemps qu'il le désirait.

Le don était une valeur fondamentale pour les Hurons, comme le soulignait un Européen : « Au retour de leur pêche, de leur chasse ou de leur traite, ils s'entredonnent beaucoup ; s'ils ont pris quelque chose d'exquis, ou si on le leur a donné, ils en font festin à tout le village. »

● Trouves-tu que la notion de partage des Amérindiens ressemble à la nôtre, lors du temps des fêtes ? Et qu'en est-il du reste de l'année ?

● Chez toi, quelles sont les occasions de fêter ?

L'ancêtre du hockey ?

Les Européens ont été très impressionnés par un jeu qui passionnait plusieurs nations amérindiennes. Ce jeu, qu'ils ont appelé la crosse, consistait à aller porter dans le but de l'équipe adverse une balle de peau à l'aide d'un bâton courbé muni d'un panier. Ce sport extrêmement exigeant donnait l'occasion aux joueurs de démontrer leur rapidité, leur adresse et leur endurance. Comme on se frappait durement, il y avait de nombreux blessés après chaque partie. Quand il y avait des centaines de joueurs, les parties de crosse ressemblaient plus à une petite guerre qu'à un sport.

La petite fille aux allumettes

Hans Christian ANDERSEN

Lis ce conte classique qui présente le dernier Noël d'une petite fille très démunie.

C'était la veille du jour de l'An. La neige virevoltait en rafales glaciales et le vent était terrible. Pourtant, une petite fille marchait dans la rue, protégée d'un simple châle gris qui ne couvrait qu'en partie sa robe rapiécée. Son vieux chapeau troué s'était envolé loin dans le ciel. Quant à ses chaussures, bien trop grandes pour ses petits pieds délicats, elles étaient restées au beau milieu de la rue lorsqu'elle avait couru pour se protéger d'une enfilade de voitures pleines de gens emmitouflés. Une fois les voitures passées, la petite aperçut une vilaine personne qui s'enfuyait en riant avec l'une de ses chaussures; l'autre avait été totalement écrasée par les roues des voitures.

Le froid était si insupportable à ses petits pieds que l'enfant finit par s'asseoir, toute recroquevillée, pour les protéger avec sa robe. Dans sa petite main nue, elle tendait aux passants une boîte d'allumettes à un sou. Pourtant, même si elle suppliait du regard, personne ne se préoccupait d'elle, chacun s'empressant de rentrer chez soi pour les derniers préparatifs de la fête. La pauvre fillette était transie. Mais elle ne pouvait retourner chez elle, car elle n'avait encore vendu aucune boîte d'allumettes. Si elle rentrait tête et pieds nus sans le moindre sou, elle savait que son père la battrait.

Par les fenêtres des maisons, elle voyait scintiller la lumière du feu. Par les portes qui s'entrouvraient, elle sentait l'odeur alléchante des oies qui rôtissaient. La petite fille imagina un instant la chaleur du feu des âtres. Même une petite allumette, une seule, la réchaufferait un peu... Alors elle ouvrit une boîte, sortit une allumette et la frotta. Quelle chaleur délicieuse! Quelle flamme magnifique!

La fillette avait l'impression qu'un gros poêle de cuivre venait réchauffer son corps. Elle allait approcher ses pieds pour les chauffer aussi, mais un coup de vent éteignit l'allumette. Il ne restait plus qu'un minuscule bout de bois entre ses doigts gelés.

Sans trop réfléchir, l'enfant frotta vite une autre allumette. La lumière de sa flamme devint si puissante que la fillette pouvait voir ce qui se passait de l'autre côté du mur sur lequel elle s'était appuyée. Ce qu'elle voyait ? Une grande table recouverte d'une nappe de fête où se trouvaient de la vaisselle fine et, au beau milieu, une grosse oie toute fumante. Au moment où la bête semblait s'offrir à elle, une bourrasque éteignit la flamme de l'allumette. Du coup, tout disparut.

À la troisième allumette, c'est auprès d'un bel arbre de Noël décoré de mille bougies que la petite se retrouva. Les friandises qui y pendaient ne demandaient qu'à être cueillies. La fillette affamée tendit avidement la main vers l'arbre. Son mouvement, trop brusque, éteignit l'allumette. Les mille bougies se transformèrent en mille étoiles dans le ciel. Puis l'une d'elles se détacha et retomba vers la terre. « Quelqu'un va mourir », pensa l'enfant. En effet, sa grand-mère, avant de mourir, lui avait dit que lorsqu'on aperçoit une étoile filante dans le ciel, c'est qu'une personne entre au paradis.

L'enfant frotta une nouvelle allumette.
Là, sa grand-mère lui apparut. La fillette
n'en croyait pas ses yeux : sa bonne
grand-mère qui l'avait tant aimée et qui
était partie au ciel, sa grand-mère chérie
était revenue. « Grand-mère ! s'écria-t-elle. Reviens !
Ne disparais pas comme le poêle tout chaud, l'oie fumante et le généreux sapin !
Je t'en prie ! Ou bien emmène-moi avec toi ! » Mais le souffle de ses paroles
pressantes éteignit l'allumette et sa grand-mère disparut. Alors la petite frotta
allumette sur allumette pour revoir sa grand-mère, si bien que la boîte fut
bientôt vide. À ce moment, sa grand-mère la prit dans ses bras et la mena dans
un lieu où elle n'eut plus ni froid ni faim.

Le lendemain matin, le premier de l'an, tout un attroupement de curieux se
forma autour du petit corps gelé au sol. Le joli visage rougi de la fillette semblait
exprimer le bonheur, autant de bonheur que les fêtes de la veille avaient apporté
à d'autres dans les maisons chauffées et décorées. Dans ses mains crispées, elle
tenait la boîte d'allumettes vide. Autour d'elle gisaient des dizaines de petits
bouts de bois à demi brûlés.

« Petite sotte ! lâcha un passant. Penser se réchauffer avec de simples allumettes !
Tant pis pour elle ! » Sur ces paroles, il poursuivit son chemin. D'autres personnes, cependant, pleuraient devant la misère de cette toute jeune fille. Leur
peine aurait été soulagée si elles avaient pu imaginer toutes les belles choses que
la petite avait vues durant la nuit ainsi que la sérénité qui était à présent sienne
au ciel, auprès de sa gentille grand-mère.

● Selon toi, quel message l'auteur voulait-il transmettre aux lecteurs ?

● Si tu pouvais intervenir dans l'histoire, quelle forme prendrais-tu (sœur, fée, commerçant,
père Noël, policier...) et que ferais-tu ?

Attention ! Certains pronoms ne sont pas toujours des pronoms sujets.

À la recherche du sujet

● Les pronoms *elle, elles, vous* et *nous* ne sont pas toujours sujets de la phrase. Observe.

| **Je** sujet | ***vous* verrai** groupe du verbe | **plus tard.** |

| **Ses amis** sujet | ***pensent* à *elle*.** groupe du verbe |

| **Vous** sujet | ***nous* enverrez vos présents.** groupe du verbe |

Je vois que les pronoms en rose complètent le verbe. Ils font alors partie du groupe du verbe.

● Dans certains cas, le sujet n'est pas placé immédiatement avant le verbe. Il faut toujours poser la question qu'est-ce qui ou qui est-ce qui avant le verbe pour trouver le sujet.

Qui est-ce qui frotte ?

| **La petite fille** sujet | **frotte les allumettes.** groupe du verbe |

Qu'est-ce qui réchauffait ?

| **La flamme** sujet | **la réchauffait.** groupe du verbe |

● De plus, c'est avec le nom qui est le noyau du sujet qu'il faut accorder le verbe.

| **La petite fille aux allumettes** sujet | **a froid.** groupe du verbe |

> Tu sais déjà que des pronoms peuvent remplacer un mot ou un groupe de mots. On dit alors que ce sont des mots de substitution.

Les pronoms : des mots de substitution

- Quand on lit, il est important de trouver ce que les pronoms remplacent pour bien comprendre le texte.

- Lorsqu'on écrit, il est important d'employer des pronoms qui remplacent un mot ou un groupe de mots pour éviter des répétitions.

*La petite fille **tendait** aux passants **une boîte d'allumettes.***

la petite fille / les passants · aucun passant

Même si | ***elle*** | ***les*** | *suppliait du regard,* | **personne** | *ne se pré-*

la petite fille · chaque passant · chaque passant

occupait d' | ***elle*** | *,* | ***chacun*** | *s'empressant de rentrer chez* | **soi** | *.*

la flamme qui brillait · la petite fille

La flamme se mit à briller, | **cela** | *réconforta la petite fille* | ***qui***

regarda le sapin illuminé.

> Sais-tu comment employer les verbes à l'imparfait ? C'est facile. Il te suffit d'observer le tableau suivant.

L'imparfait de l'indicatif

Terminaisons de l'imparfait pour tous les verbes			
J'	aim**ais**	Je	finiss**ais**
Tu	aim**ais**	Tu	finiss**ais**
Il / Elle	aim**ait**	Il / Elle	finiss**ait**
Nous	aim**ions**	Nous	finiss**ions**
Vous	aim**iez**	Vous	finiss**iez**
Ils / Elles	aim**aient**	Ils / Elles	finiss**aient**

- Comme tu le vois, les terminaisons de l'imparfait sont les mêmes pour toutes les conjugaisons : ais, ais, ait, ions, iez, aient.

> N'oublie pas qu'après le si qui exprime une supposition on doit utiliser l'imparfait.

*Si j'**étais** riche, j'offrirais des cadeaux à tout le monde.*

Tu sais qu'en règle générale le pluriel se forme en ajoutant un **s** au singulier.
Voici des noms et des adjectifs qui se terminent par **x** au pluriel.

Le pluriel en x des noms et adjectifs

● Les noms et les adjectifs qui se terminent par **au** ou **eau** prennent un **x** au pluriel.

	Singulier	**Pluriel**
Noms	un noy**au** un cad**eau**	des noy**aux** des cad**eaux**
Adjectifs	un sculpteur esquim**au** un b**eau** sapin	des sculpteurs esquim**aux** de b**eaux** sapins

● La plupart des noms et des adjectifs qui se terminent par **al** au singulier se terminent par **aux** au pluriel.

Sauf bals, carnavals, festivals, chacals, récitals, régals, banals, natals, fatals, finals, navals.

	Singulier	**Pluriel**
Noms	un anim**al** un boc**al**	des anim**aux** des boc**aux**
Adjectifs	un souhait origin**al** un projet géni**al**	des souhaits origin**aux** des projets géni**aux**

● Les noms qui se terminent par **eu** au singulier prennent un **x** au pluriel.

	Singulier	**Pluriel**
Noms	un j**eu** un chev**eu**	des j**eux** des chev**eux**

Sauf pneus.

Le pluriel en x (suite)

- Les noms et adjectifs qui se terminent par x au singulier ne changent pas au pluriel.

	Singulier	**Pluriel**
Noms	une noix un prix	des noix des prix
Adjectifs	un moment heureux un garçon chanceux	des moments heureux des garçons chanceux

> J'ai aussi retenu sept noms en ou qui prennent un x au pluriel : bijoux, cailloux, choux, genoux, hiboux, joujoux, poux.

> Te souviens-tu que toutes les phrases peuvent être transformées à la forme négative ? Fais attention à cette petite difficulté que je te présente.

Pour marquer la négation

- Lorsque tu écris une phrase de forme négative, rappelle-toi d'écrire les deux termes de la négation, car on a souvent tendance à oublier le mot **ne** ou le **n'** devant le verbe. Dans les textes qu'on écrit, il est important de l'employer pour bien marquer la négation.

Le son ne se propage-t-il pas dans l'espace ?

Le son ne peut donc plus voyager dans l'espace.

Certains sons ne sont jamais perçus par l'oreille humaine.

Je n'ai entendu personne arriver.

Ne prends aucun risque !

Lorsque tu écoutes ton baladeur, ne mets pas le son trop fort.

• Le musée •

IL FALLUT 13 JOURS DE MARCHE POUR ATTEINDRE LE FABULEUX MONUMENT QUE KOMI-KOUK AVAIT DÉCOUVERT AU COURS D'UNE EXPÉDITION.

APRÈS PLUSIEURS ESSAIS INFRUCTUEUX, AVI-NOUK RÉUSSIT À ENCLENCHER LE MÉCANISME D'OUVERTURE SECRET DU LOURD PORTAIL.

- CLIC! -

LA VOIX ÉTRANGLÉE PAR L'ÉMOTION, IKI-TOUK ET ORBI-GOUK SE MIRENT À DÉCRIRE AUX ANKOROIS LES MERVEILLES DU MUSÉE OÙ ON AVAIT RASSEMBLÉ À LA HÂTE, DE TOUTE ÉVIDENCE, LES TRÉSORS DES CIVILISATIONS DISPARUES.

Lis cette brève introduction au vaste monde de l'histoire de l'art.

Un art vieux comme le monde

Tu ne savais pas encore écrire que déjà tu dessinais. Pourquoi dessinais-tu? Parfois, tu voulais reproduire quelque chose : un camion, une maison. Parfois, tu exprimais tes sentiments en représentant ta famille. D'autres fois, tu dessinais pour le plaisir de créer de jolies choses.

On sait que les humains dessinaient déjà il y a plus de 15 000 ans et ils le font encore aujourd'hui, à l'ère des ordinateurs. Mais ils n'ont pas toujours dessiné pour les mêmes raisons.

Le pouvoir magique de l'art

En 1940, à Lascaux, en France, des enfants ont découvert une grotte dont les parois étaient couvertes de magnifiques dessins d'animaux. Après examen, les scientifiques ont établi que ces peintures dataient de 15 000 ans.

Pourquoi les humains préhistoriques peignaient-ils des animaux sur les murs de leurs abris? Personne ne le sait vraiment. Peut-être ces primitifs attribuaient-ils au dessin des pouvoirs magiques. Peut-être croyaient-ils qu'en dessinant les animaux de la façon la plus réaliste qui soit ils auraient le pouvoir de les vaincre. C'est ce que pensent certains spécialistes.

As-tu remarqué que tous les animaux peints par les artistes des cavernes sont montrés de profil? C'est probablement parce que cette façon de faire permet de représenter plus nettement les animaux. Cette technique sera très longtemps utilisée, comme tu le verras.

Peintures découvertes sur les parois des grottes de Lascaux. Elles seraient vieilles de 15 000 ans.

L'art pour aller dans l'au-delà

Il y a très longtemps, en Égypte, quand un personnage important mourait, sa famille et ses serviteurs devaient le suivre dans le tombeau pour veiller à son bien-être dans l'autre vie. Plus tard, on a heureusement remplacé les gens par des statues et des peintures. Pour que les morts ne manquent de rien, les artistes tâchaient donc de représenter les choses et les êtres de la façon la plus complète possible. Pour savoir comment ils s'y prenaient, observe les illustrations.

Comme la tête se voit mieux de profil, les artistes l'ont dessinée de côté. Pour la même raison, l'œil est montré de face. Les personnages te semblent un peu tordus ? Si tu observes bien, tu verras que leur corps et leurs bras sont montrés de face, tandis que les jambes et la tête sont vues de côté. Ce n'est pas naturel et c'est ce qui crée l'aspect tordu.

L'art pour représenter la nature

Au temps des Grecs et des Romains, on s'est
intéressé davantage à la raison et à la science.
L'art n'était plus magique. Les peintres et
les sculpteurs voulaient avant tout reproduire
la nature telle qu'elle est. Et ils ont réussi.
Observe la célèbre statue du *Discobole*.
Son attitude semble si vraie que des athlètes
modernes ont cru qu'en l'étudiant ils pourraient découvrir la façon dont les Grecs
de l'Antiquité lançaient le disque.

Le Discobole.
Nous sommes loin des dessins figés des Égyptiens.
L'homme est en pleine action. Il est très naturel.

L'art pour raconter

Nous voilà au temps des chevaliers, 1500 ans après *Le Discobole*. Que s'est-il
passé entre-temps ? Beaucoup de guerres et de famines. Observe l'illustration
ci-contre. Que remarques-tu ? Les per-
sonnages sont aussi rigides que ceux des
Égyptiens. Le mouvement et le naturel
des statues grecques ont disparu. Pourquoi ? Probablement parce qu'en ce
temps-là les peintures servaient à raconter
l'Histoire sainte à des gens qui ne savaient
pas lire. Les images remplaçaient l'écriture. Un tableau était bon si tout le monde
reconnaissait l'histoire qu'il racontait.

Annonciation, vers 1150.
Pour les gens du Moyen Âge, la signification
de ce tableau était très claire.

Lisons le tableau intitulé *Annonciation*.
La scène représente l'ange Gabriel annon-
çant à Marie qu'elle deviendra la mère
de Jésus. Marie, Gabriel et la colombe,
symbole de l'Esprit saint, portent
une auréole. Cela signifie que ce sont
des personnages sacrés. L'ange tend
le bras droit; cela signifie qu'il parle.
Marie a les mains levées en signe de
surprise.

L'art pour peindre la réalité

Vers 1400, l'art et la science renaissent. Une fois de plus, on admire les œuvres des Grecs et des Romains de l'Antiquité. Les peintres cherchent à recréer la réalité, et la découverte de la perspective va les aider à y parvenir.

Compare ce tableau de Fra Angelico avec le précédent. Il te semble plus réaliste, n'est-ce pas? Remarque la profondeur dans le tableau. On a l'impression qu'on pourrait y entrer la main. Cette illusion de profondeur, c'est la perspective. Observe aussi le visage de Gabriel et celui de Marie. Chacun est naturel et différent. Leurs traits ne sont pas figés et interchangeables comme dans l'autre.

Fra Angelico, *Annonciation*, vers 1436.

L'art en attendant la photographie

De plus en plus, les artistes vont peindre la réalité. Observe ce magnifique tableau de Vélasquez. Un peu à gauche, on voit Vélasquez lui-même qui, pinceau et palette à la main, travaille à une grande toile.

Observe encore les personnages. Ne dirait-on pas qu'ils ont été croqués sur le vif, qu'on vient de les prendre en photo? Les artistes vont ainsi tenter de reproduire la réalité, jusqu'à ce que... la photographie vienne tout changer.

Diego Vélasquez, *Ménines*, 1656.

- Quelles informations du texte trouves-tu les plus étonnantes?
- Toi, pourquoi dessines-tu?

Le lion abattu par l'homme

On exposait une peinture
Où l'artisan avait tracé
Un lion d'immense stature
Par un seul homme terrassé,
Les regardants en tiraient gloire.
Un lion en passant rabattit leur caquet.
« Je vois bien, dit-il, qu'en effet
On vous donne ici la victoire;
Mais l'ouvrier vous a déçus :
Il avait liberté de feindre.
Avec plus de raison nous aurions le dessus,
Si mes confrères savaient peindre.»

Jean de LA FONTAINE

Charlevoix

La région de Charlevoix se trouve à l'est
du Québec, entre le parc des Laurentides
et le fleuve Saint-Laurent. Elle s'étend sur
200 kilomètres, de Sainte-Anne-de-Beaupré
jusqu'à l'embouchure du Saguenay. La richesse
des paysages de ce territoire montagneux est
exceptionnelle, et des points de vue magnifiques s'offrent sans cesse aux promeneurs.
Il n'est pas étonnant que Charlevoix, et en
particulier Baie-Saint-Paul, sa ville principale,
ait inspiré une quantité impressionnante de
toiles aux artistes peintres, et cela depuis le
XVIIIᵉ siècle. Lors de cette période de colonisation anglaise, des officiers issus d'une grande
école militaire ont réalisé les premières aqua-
relles et gravures du pays. Ce n'était là que le
début d'une tradition artistique qui est restée
bien vivante.

Voici l'histoire d'un roi qui est tombé amoureux d'une image...

La fresque

Il était une fois un jeune roi qui vivait sans épouse ni enfants. Un jour, au fond du bois, il entra dans une vieille chapelle abandonnée. Il y avait dedans la fresque imposante d'une femme très charmante. Le roi en fut séduit. Chaque jour, il retournait dans la chapelle pour admirer la belle. Le malheureux souhaitait ardemment qu'elle prenne vie. Quel triste destin que d'aimer un être inanimé...

Voyant que le roi avait perdu sa joie de vivre et qu'il ne démontrait plus d'intérêt pour quoi que ce soit, son frère Guillaume l'interrogea.

« Qu'est-ce qui te tourmente, mon frère ? N'as-tu plus envie de rien ?

— Je suis épris d'une femme, répondit le roi. Mais je ne l'ai vue qu'en peinture.

— Montre-moi cette œuvre, le pria son frère. Je parcourrai le monde pour trouver celle qui te hante. »

Le tendre adorateur mena le prince à la chapelle. Guillaume contempla la silhouette qui avait conquis le cœur de son frère. De toute évidence, c'était une Égyptienne. Il imprima son beau visage dans sa mémoire. Au bout de quelques heures, portant un gros sac rempli d'objets précieux, le valeureux Guillaume prit la mer à destination du port d'Alexandrie.

* * *

Déguisé en marchand, Guillaume sillonna les rues d'Alexandrie sans relâche pendant plus d'une semaine en exhibant ses précieux objets. Le septième jour, il aperçut enfin une jeune femme qui correspondait en tout point à celle de la fresque. De sa fenêtre, la belle voyait la marchandise, mais rien n'était assez joli à ses yeux.

« Mademoiselle, dit galamment Guillaume, veuillez me suivre. Mon bateau déborde de ravissantes pierreries, de délicats services de vaisselle, de magnifiques coffrets et de splendides tissus finement brodés.

— Si mon père était ici et m'en donnait la permission, j'irais volontiers, soupira la jeune femme.

— C'est donc le meilleur temps pour venir, conclut le prince. S'il était là, je crois que votre père vous interdirait cette visite. »

Vite convaincue, la demoiselle suivit Guillaume. Dans le bateau, elle fit l'inventaire des mille trésors étalés dans la cale. Lorsqu'elle remonta sur le pont, le bateau était déjà loin du port. Le désarroi de la jeune femme était terrible. Elle se croyait perdue. Voyant cela, le gentil prince lui expliqua son geste et lui montra un tableau : c'était le roi devant son château. La demoiselle cessa de pleurer et se mit à imaginer sa nouvelle vie.

Cependant, un oiseau de mauvais augure se posa
sur l'épaule de Guillaume et lui dit : « Pauvre prince !
Le père de celle que tu ramènes avec toi est un puissant
magicien. Il est furieux contre toi. Tu ne mourras pas,
mais tu seras transformé en un inerte détail de fresque.
Toute ta vie tu seras prisonnier d'une peinture sur le
plat mur d'une bâtisse en ruine. » Sur ces mots, l'oiseau
s'envola et le bateau accosta.

* * *

Les jours passaient. Le roi et sa bien-aimée planifiaient leur majestueux mariage.
Les préparatifs allaient bon train. Mais le père de la jeune fille ne répondait pas
à l'invitation. Puis le grand jour vint. Au moment même où l'élégante fiancée
prononça le oui qui la lia au roi, le prince Guillaume s'envola littéralement
en fumée, ne laissant derrière lui qu'une traînée de fine poussière multicolore.
Le roi, horrifié de perdre son frère, coula tout de même des jours heureux auprès
de son épouse.

* * *

Bientôt, la reine donna naissance à une belle enfant.
Devenu grand-père, le vieux magicien n'avait plus qu'un
seul souhait : vivre auprès de sa fille et de sa petite-fille.
Le temps était venu de renoncer à la colère. Le magicien se
rendit alors à la chapelle, au fond du bois. Sur la grande
fresque, l'infortuné prince Guillaume figurait dans un
coin. Le magicien lui demanda pardon. Le prince, lui-
même honteux d'avoir privé un père de sa fille et une fille
de son père, retrouva alors son corps de chair et de sang.

Les jeunes mariés furent au comble du bonheur lorsque
les deux êtres chers disparus depuis près de un an se mon-
trèrent. Jamais les deux revenants ne donnèrent d'explications. La folle colère du père et le triste drame du prince
appartenaient au passé. À compter de ce jour, la joie,
l'amour et la paix régnèrent dans la vie de tous ces
êtres réunis.

- Que penses-tu des sentiments et des actions des personnages
  de ce conte ?
- Quel passage du récit as-tu le plus aimé ? Pourquoi ?
- Crois-tu qu'il est possible de tomber amoureux d'une image ?

Lis ce texte qui te présente une notion mathématique qui a des applications en art : les fractales.

Les mathématiques se font une beauté

As-tu déjà remarqué que plusieurs objets de la nature ont des formes géométriques ? Par exemple, les oranges sont rondes et les troncs d'arbres sont cylindriques. As-tu constaté aussi que, la plupart du temps, les objets de la nature ont des formes très complexes ? Ainsi, les cristaux de neige, les fougères, le chou-fleur et les nuages ne sont ni ronds ni carrés. On dit qu'ils sont fractals, car ils possèdent des caractéristiques bien particulières.

Toutes les parties d'un objet fractal ont une forme similaire à l'objet en entier. Considérons le cas du chou-fleur. Lorsque tu détaches un bouquet du chou-fleur, tu observes que le bouquet a une forme irrégulière similaire à celle du chou-fleur en entier. Si tu sépares le bouquet en un plus petit morceau et ce morceau en un autre encore plus petit, tu vois que chaque morceau a lui aussi une forme similaire au chou-fleur entier. Ainsi, chaque partie du chou-fleur est une sorte de miniature du légume entier. Le chou-fleur est donc un objet fractal.

Dans les années 1970, un mathématicien aux idées très originales, Benoît Mandelbrot, s'intéressa à ces objets et les baptisa «fractales». Il décrivit les fractales à l'aide de formules mathématiques très complexes, et ses découvertes révolutionnèrent la géométrie. Calculées par ordinateur, ces formules génèrent les plus belles images du monde des mathématiques. Leur beauté est telle qu'elle a inspiré des artistes et qu'elle a ainsi donné naissance à une nouvelle forme d'art : l'art fractal.

Aujourd'hui, nul besoin d'être un as des mathématiques pour dessiner des images fractales, puisqu'on peut compter sur l'aide de logiciels. En effet, une fois que l'artiste a choisi une formule mathématique, l'ordinateur effectue les calculs et produit une image. L'artiste sélectionne alors une partie de l'image qu'il trouve intéressante en la réduisant ou en l'agrandissant au besoin. Enfin, à sa guise, il modifie les couleurs et les formes, fait pivoter l'image, l'étire ou la transforme de toutes les façons possibles pour créer une œuvre d'art originale. Les possibilités qu'offre l'ordinateur sont infinies.

● Connais-tu d'autres objets fractals ? Lesquels ?

● Décris d'autres applications de l'ordinateur.

Lis ce texte pour connaître l'histoire de l'art moderne.

L'art moderne : la révolution de la couleur et de la forme

Lumière sur les impressionnistes

Sais-tu décrire ce que tu vois ? Tu veux parier ? Comment décrirais-tu le tableau ci-dessous en quelques mots ? Tu dirais probablement que tu vois des hommes, des femmes et des calèches dans une rue. Tu indiquerais qu'il y a aussi des édifices, une fontaine et des arbres. Et c'est vrai, mais ce n'est pas ce que tu vois. C'est ce que tu as l'impression de voir !

Observe le tableau de plus près. Vois l'agrandissement dans le cercle. Tu t'aperçois que les personnes ne sont que de petits coups de pinceau. C'est la même chose pour les voitures. Et les arbres ne sont à vrai dire que de longs traits. Ce tableau a été peint par Camille Pissarro, un grand peintre **impressionniste**.

Camille Pissarro, *L'avenue de l'Opéra sous la pluie*, 1898.

Tu te demandes sans doute si les peintres de ce temps-là étaient tous des impressionnistes. La réponse est non. Des artistes comme Van Gogh, Gauguin et Cézanne se sont inspirés de la façon de peindre des impressionnistes pour créer à leur propre manière. Et de là sont nés de nouveaux mouvements de peinture.

Van Gogh : la couleur pour exprimer ce qu'on ressent

Comme les impressionnistes, Van Gogh aimait peindre par points et par taches de couleur pure. Mais cette technique ne lui servait pas qu'à reproduire la lumière. Elle lui servait surtout à exprimer ses émotions.

Tu sais bien que tu perçois les choses différemment selon que tu éprouves de la tristesse ou du bonheur. Observe ce tableau de Van Gogh. Remarque le fond de couleurs tourbillonnantes. Que ressens-tu ? De la joie ou de l'inquiétude ? Van Gogh a peint ce paysage alors qu'il était interné après avoir fait une crise de folie.

Vincent Van Gogh, *La route aux cyprès*, 1889.

D'autres peintres, comme Edvard Munch, vont s'inspirer de Van Gogh pour créer le mouvement **expressionniste**. Observe ce tableau de Munch intitulé *Le cri*. Par des traits de couleur, Munch réussit à nous transmettre un sentiment proche de la terreur. On dirait que même le paysage participe à cette grande peur.

Edvard Munch, *Le cri*, 1893.

Gauguin : la couleur pour tout dire

Le travail de Gauguin, un peintre ami de Van Gogh, était très différent. Gauguin était un passionné qui cherchait la vérité des choses. Il alla donc s'installer à Tahiti pour trouver la vraie simplicité auprès des indigènes.

Pour Gauguin, la couleur peut tout dire. Dans son tableau intitulé *Au bord de la mer*, il s'est servi de couleurs vives pour nous faire ressentir la générosité de la nature et la paix de ce paysage tropical.

Les travaux de Gauguin sur la couleur vont amener la création d'un mouvement appelé **fauvisme**. Les peintres fauves vont peindre leur sujet en choisissant des couleurs sans rapport avec la réalité, comme l'a fait Matisse dans le portrait du bas de la page.

Paul Gauguin, *Fatata te Miti* (*Au bord de la mer*), 1892.

Henri Matisse, *La raie verte*, 1905.

Cézanne : la couleur et la forme

Observe ce tableau de Cézanne. Les touches de couleur sont massives. On n'a pas l'impression que tout bouge légèrement comme dans la toile de Pissarro (p. 158). Contrairement aux impressionnistes qui peignaient rapidement l'instant fugitif, Cézanne peignait lentement en cherchant à transmettre une impression de solidité et de durabilité. Observe les petits cubes de couleur qui composent son tableau. Bientôt, Picasso et son ami Braque vont s'inspirer de l'œuvre de Cézanne pour inventer le **cubisme**.

Paul Cézanne, *Paysage de Provence.*

Pablo Picasso, *Violon et raisins,* 1912.

Aimes-tu ce tableau cubiste intitulé *Violon et raisins* ? Il est amusant, n'est-ce pas ? Tu vois bien tous les cubes qui le composent ? Est-ce que le violon du tableau ressemble à un violon ? Pas beaucoup, en fait. Picasso ne s'inquiétait pas de la ressemblance. Pour lui, l'important, c'était le plaisir que les gens auraient à explorer la toile du regard.

Essaie de reconstruire le violon en esprit. Te rends-tu compte qu'il t'est présenté sous bien des angles ? Cela rappelle un peu les Égyptiens qui voulaient montrer les choses sous tous leurs angles caractéristiques.

Mais qu'est-ce que c'est?!

Ne cherchant plus à reproduire la réalité, les artistes vont s'intéresser aux couleurs et aux formes pour elles-mêmes. C'est ce qui va donner l'**art abstrait**. Dans les tableaux abstraits, il n'y a plus rien de reconnaissable. Ce sont seulement les formes et les couleurs que l'on regarde. Le peintre Wassily Kandinsky est reconnu comme le premier artiste à avoir fait un tableau abstrait.

Wassily Kandinsky, *Fragment 2 pour Composition VII*, 1913.

Et aujourd'hui?

Aujourd'hui, la peinture est très diversifiée. Il y a des peintres qui font des paysages, des portraits, et d'autres qui font des tableaux abstraits. Il y a pratiquement autant de genres que de peintres. C'est à s'y perdre ! Alors dis-toi que c'est un jeu et tu trouveras que c'est très drôle parfois de regarder des tableaux.

- Raconte les événements importants de l'histoire de l'art moderne.
- Laquelle des œuvres qui t'ont été présentées préfères-tu? Pourquoi?

Berthe Morisot, *Jeune fille dans une serre.*

Berthe Morisot, une artiste de caractère

Tu as probablement remarqué que tous les peintres dont nous avons parlé sont des hommes. Tu te demandes peut-être s'il y avait autrefois des femmes peintres. Il y en avait sûrement, mais elles ne sont pas devenues célèbres. Pourquoi? Parce que la société du temps passé n'acceptait pas que les femmes soient des artistes reconnues. C'était mal vu. Les femmes pouvaient peindre pour se divertir, mais pas pour gagner leur vie. Cependant, Berthe Morisot avait un grand talent de peintre et assez de courage pour réaliser son rêve: peindre et faire connaître ses œuvres. C'est pourquoi ses tableaux sont parvenus jusqu'à nous. Berthe Morisot est une peintre impressionniste qui aimait peindre la vie quotidienne des femmes de son époque.

Ce texte te présente quatre artistes peintres d'ici.

Mon pays, c'est l'hiver

Marc-Aurèle de Foy Suzor-Côté

Dès 1887, à 18 ans, Suzor-Côté participa à la décoration d'églises et de chapelles en tant qu'apprenti peintre décorateur. Il voyagea à Paris à maintes reprises pour étudier la peinture. Avec les années, Suzor-Côté s'est dirigé vers l'impressionnisme, c'est-à-dire qu'il s'est efforcé de rendre des impressions par petites touches plutôt que de faire une réplique exacte de la réalité. Les paysages d'hiver l'ont particulièrement inspiré dans son étude des luminosités. On le considère d'ailleurs comme l'un des peintres les plus habiles à évoquer les effets de la lumière sur la neige.

Sa toile *Le tournant de la rivière Gosselin à Arthabaska* en est une belle illustration, toute faite de coups de pinceau dans les tons de gris et, plus discrètement, de vert et de bleu. En variant la direction de ses touches, le peintre savait donner à ses tableaux un dynamisme remarquable. Beaucoup de toiles, sculptures, dessins, pastels et lithographies de Suzor-Côté représentent l'Arthabaska, sa région natale. Ils sont connus mondialement.

Marc-Aurèle de Foy Suzor-Côté,
*Le tournant de la rivière Gosselin
à Arthabaska*, 1911.

Ozias Leduc

Ozias Leduc est né en 1864. Après ses études secondaires, il fréquenta à Montréal des ateliers libres de dessin de modèles vivants. Il a travaillé à la décoration de plusieurs statues et d'une trentaine d'églises. Il a aussi illustré des textes littéraires et réalisé des décors de pièces de théâtre. Il vaquait entre-temps à ses activités personnelles de peintre. On le dit inclassable, plus inspiré par ce qui l'entourait et sa vision personnelle des choses que par les écoles de peinture de son temps, le courant impressionniste notamment.

L'heure mauve est l'une de ses œuvres les plus connues et les plus appréciées. Ozias Leduc a peint ce paysage hivernal à une heure où ce n'est plus le jour, mais pas encore la nuit. La lumière voilée et cuivrée rend les couleurs cireuses, ce qui réduit l'écart entre la brillance de la neige, l'éclat des feuilles et l'intensité de l'écorce. Ce tableau où les formes cherchent à se confondre est propice aux longues rêveries.

Ozias Leduc, *L'heure mauve*, 1921.

Kathleen Moir Morris,
Après la grand-messe,
Berthier-en-Haut, 1927.

Kathleen Moir Morris

Dans les années 1920, de plus en plus de femmes participaient à la création artistique au Québec. Kathleen Morris fait partie des premières femmes artistes peintres reconnues à cette époque. À 23 ans, après avoir fait de longues études en art, elle exposait déjà ses œuvres lors d'événements prestigieux. On a pu admirer son travail au Canada, en Angleterre et en Amérique du Sud. Pendant toute sa carrière, elle n'a cependant fait qu'une seule exposition individuelle, en 1939. Bon nombre d'œuvres de Kathleen Morris démontrent son attachement à sa ville natale, Montréal. Elle a aussi peint beaucoup de scènes de marchés et de paysages enneigés.

Sa toile *Après la grand-messe, Berthier-en-Haut* montre des paroissiens à la sortie de l'église par une belle journée d'hiver. Au premier plan, on voit, attelés à des carrioles, des chevaux protégés par des tissus de couleurs chaudes et contrastantes; à l'arrière-plan, des tons de beige et de jaune dessinent tout en nuances la façade de l'église. Et bien qu'on ne distingue pas l'expression faciale des personnages, il se dégage de la scène une impression de grande quiétude.

Yvonne Bolduc

Yvonne Bolduc est née à Baie-Saint-Paul en 1905. Sans diplôme ni formation en arts, elle a pourtant su traduire le mouvement de façon remarquable en employant des couleurs pures et franches. Mais son œuvre est aussi intéressante sur le plan historique, car elle témoigne magnifiquement d'un milieu et d'une époque : la campagne de Charlevoix du début du XXe siècle.

Toute jeune, Yvonne s'intéressait déjà aux arts. Comme la pittoresque région de Charlevoix attirait plusieurs peintres paysagers, la jeune fille pouvait longuement observer les artistes qui peignaient la belle maison campagnarde où elle habitait avec sa famille. Et à l'atelier d'ébénisterie de son père, elle peignait des meubles et sculptait de jolies fleurs sur des dossiers de chaises.

Yvonne Bolduc, *Tempête sur le perron de l'église*, vers 1960.

Pendant toute sa carrière d'artiste, Yvonne Bolduc a illustré avec beaucoup de poésie la vie campagnarde typique d'autrefois : la famille, l'église, l'école et des scènes de travail dans les champs, dans le bois et dans les commerces. Pour faire ses tableaux, l'artiste s'est d'ailleurs inspirée de plusieurs romans québécois. On peut apprécier toute l'ampleur de son talent dans ses scènes d'hiver, aux teintes dominantes de blanc et de bleu, où les gens luttent contre la tempête.

● Laquelle des quatre toiles aurais-tu aimé peindre toi-même ? Pourquoi ?

● Connais-tu d'autres peintres qui peignent des paysages québécois ? Lesquels ?

Voici une chanson composée par le grand poète Gilles Vigneault. Lis-la. Tu pourras ensuite la chanter.

Mon pays

Mon pays ce n'est pas un pays c'est l'hiver
Mon jardin ce n'est pas un jardin c'est la plaine
Mon chemin ce n'est pas un chemin c'est la neige
Mon pays ce n'est pas un pays c'est l'hiver
Dans la blanche cérémonie
Où la neige au vent se marie
Dans ce pays de poudrerie
Mon père a fait bâtir maison
Et je m'en vais être fidèle
À sa manière à son modèle
La chambre d'amis sera telle
Qu'on viendra des autres saisons
Pour se bâtir à côté d'elle
Mon pays ce n'est pas un pays c'est l'hiver
Mon refrain ce n'est pas un refrain c'est rafale
Ma maison ce n'est pas ma maison c'est froidure
Mon pays ce n'est pas un pays c'est l'hiver
De mon grand pays solitaire
Je crie avant que de me taire
À tous les hommes de la terre
Ma maison c'est votre maison
Entre mes quatre murs de glace
Je mets mon temps et mon espace
À préparer le feu la place
Pour les humains de l'horizon
Et les humains sont de ma race
Mon pays ce n'est pas un pays c'est l'hiver
Mon jardin ce n'est pas un jardin c'est la plaine
Mon chemin ce n'est pas un chemin c'est la neige
Mon pays ce n'est pas un pays c'est l'hiver
Mon pays ce n'est pas un pays c'est l'envers
D'un pays qui n'était ni pays ni patrie
Ma chanson ce n'est pas ma chanson c'est ma vie
C'est pour toi que je veux posséder mes hivers…

Gilles VIGNEAULT

(Le grand cerf-volant, © Nouvelles Éditions de l'Arc)

Voici comment les séances de pose de deux enfants d'autrefois se sont déroulées... selon l'auteure du récit.

Bia, François et le peintre

Claire ST-ONGE

Vous voyez ces deux portraits? Ce sont ceux de Bia et François, qui ont vécu en Italie au XVIe siècle. Observez-les bien. On dirait deux anges, n'est-ce pas? Sages comme des images, c'est le cas de le dire ! Et pourtant, jamais dans tout Florence on n'avait vu des enfants aussi turbulents et indisciplinés! Incapables de rester en place une minute! Deux vrais tourbillons, de vraies petites pestes! On se demande bien comment le peintre a pu réussir à les immobiliser assez longtemps pour faire leur portrait. C'est ce que vous découvrirez en lisant ce qui suit...

À cette époque, dans les familles riches, la coutume voulait que chaque membre de la famille fasse peindre son portrait. Les parents de Bia et François avaient donc engagé maître Bronzino, un artiste plein de talent, mais plutôt impatient avec les enfants. Quand arriva le tour de Bia et François, la séance de pose tourna vite au vinaigre.

« François! criait maître Bronzino. C'est toi qui as caché mes pinceaux? Rends-moi mes pinceaux tout de suite! Voyou! Je vais te tordre le cou! Et toi, Bia, veux-tu bien descendre de cet escabeau! Anges d'enfer! Je vais le dire à votre mère! »

Bia et François s'amusaient comme des fous chez maître Bronzino. Avec tous les objets et les accessoires qu'il y avait dans l'atelier du grand peintre, cette pièce était vite devenue pour eux un terrain de jeu.

« Essaie donc de m'attraper, vieux grigou ! » lançait François, les yeux pleins de malice. Et il disparaissait vivement derrière les tentures poussiéreuses en riant comme un petit démon.

Pendant ce temps, perchée sur l'escabeau, Bia inventait une comptine à sa manière.

« Vieille barbe pleine de poux ! Ta tunique est pleine de trous ! Y a des souris dans ton lit et des araignées plein ton chiffonnier ! Vieille barbe pleine de poux !

— *Bambini*, pour l'amour du ciel, soyez gentils ! Laissez-moi faire mon travail ! Il faut bien que je gagne ma vie ! » disait maître Bronzino, essayant une nouvelle tactique pour les amadouer.

Le pauvre peintre avait beau supplier ses petits modèles de rester immobiles, c'était peine perdue. Les enfants gâtés n'en faisaient qu'à leur tête, sachant fort bien que le vieux peintre n'oserait jamais les dénoncer à leurs parents.

À la fin de la séance, le peintre n'avait toujours pas réussi à donner un seul coup de pinceau sur ses toiles. Sans compter que son cher atelier était complètement sens dessus dessous. Maître Bronzino était furieux.

Il y eut bien sûr une deuxième séance, qui se déroula à peu près de la même façon que la première...

« Bronzino, Bronzino, gros nigaud ! chantaient les enfants.

— Fripons ! Chenapans ! Revenez ici ! Si vous ne m'écoutez pas, je vais vous ficeler sur votre banc comme de vulgaires salamis ! »

Puis une troisième...

« Méchants garnements ! Vilains ! Polissons ! Galopins ! Ça suffit, vous m'entendez ? »

Une quatrième...

« Petits crapauds ! Sales moustiques ! Vipères ! Monstres ! Mais allez-vous enfin arrêter ? »

Fidèles à eux-mêmes, Bia et François étaient tellement insupportables qu'à la fin de la cinquième séance le malheureux peintre, à bout de nerfs, n'avait toujours pas réussi à faire ses portraits. Il savait bien que les parents de Bia et François ne seraient pas contents en apprenant son échec. Ils allaient le congédier sans plus tarder, c'était certain !

Fort heureusement pour maître Bronzino, à la sixième séance, la chance tourna enfin.

Bia et François s'étaient soudain mis à se quereller pour une marion-nette que Bia venait de découvrir au fond d'une malle. En moins de deux, les petits démons se rou-laient par terre en se tirant les cheveux, criant et pleurant pour s'accaparer le jouet. Maître Bronzino, complètement décou-ragé, dut intervenir pour les séparer. Et c'est alors que, voyant que le frère et la sœur étaient drôlement fâchés l'un contre l'autre, le peintre eut une idée...

« Je parie, dit-il, qu'aucun de vous deux n'est capable de faire la statue pendant plus de trois minutes !

— Ce n'est pas vrai ! rouspéta Bia. Moi, je suis capable !

— Moi aussi ! Je sais faire la statue encore plus longtemps qu'elle ! répliqua évidem-ment François.

— Eh bien, c'est ce que nous allons voir, dit maître Bronzino. Mais avant, passez-vous chacun un petit coup de peigne, ça ne vous fera pas de tort. Quand vous serez prêts à commencer le jeu, vous n'aurez qu'à me le dire. »

Maître Bronzino poussa un grand soupir de soulagement et se mit aussitôt au travail. En face de lui, sagement assis sur leur tabouret, les enfants se tenaient parfaitement immobiles et silencieux. On aurait dit deux poupées de porcelaine. « C'est un miracle », se disait en lui-même maître Bronzino en essuyant son pinceau. Et il riait dans sa barbe pleine de poux !

Comme Bia et François étaient encore plus entêtés qu'espiègles, inutile d'ajouter qu'ils jouèrent à la statue pendant très, très longtemps.

C'est peut-être ainsi que maître Bronzino s'y est pris pour peindre ces deux magnifiques portraits d'enfants sages que nous pouvons voir aujourd'hui dans le plus célèbre musée d'Italie, à Florence.

Nous avons bien dit « peut-être » parce que toute cette histoire est peut-être un peu beaucoup inventée... Dans la vraie vie, peut-être Bia et François ont-ils toujours été sages comme des images. À voir leur mine angélique sur ces portraits, on a bien du mal à imaginer qu'ils étaient comme on les a décrits dans cette histoire, pas vrai ?

- Toi, comment imagines-tu le déroulement des séances de pose de Bia et François chez maître Bronzino ?

- Aimerais-tu poser pour qu'un artiste peigne ton portrait ? Pourquoi ?

Lis ce texte qui s'intéresse à l'art pictural
traditionnel des peuples iroquoiens et algonquiens.

L'art amérindien

Iroquoiens et Algonquiens exprimaient leur vision du monde et leurs croyances
au moyen d'un art en lien direct avec la nature, dont ils s'inspiraient énormément. Maîtrisant des techniques artistiques traditionnelles qu'ils se transmettaient de génération en génération, ils ornaient tous les objets nécessaires à la vie
courante, souvent dans l'intention de leur donner une âme et de créer un lien
entre les humains et leur environnement.

Les premiers colons ont été très impressionnés par les motifs et les coloris
des créations amérindiennes. Par exemple, Samuel de Champlain nota que
les Iroquoiens peignaient habilement des images de bêtes et d'oiseaux-hommes
et qu'ils faisaient de belles sculptures en bois peintes en jaune et en rouge.
Il admira aussi les wigwams algonquiens décorés de mille têtes d'oiseaux,
d'orignaux, de loutres et de castors.

La pipe et le wampum

Deux objets d'art avaient une fonction sociale particulièrement importante :
la pipe et le wampum. Les pipes servaient lors des cérémonies pacifiques. Il y en
avait de magnifiques, faites en argile ou en pierre et en bois décorées de motifs
géométriques, parfois ornées de plumes. Le wampum était une ceinture garnie
de perles, de coquillages ou de pierres polies sur laquelle on
inscrivait l'histoire de la tribu. C'était en
quelque sorte la mémoire du peuple.

La peinture sur peaux

De magnifiques peintures ornaient les peaux d'animaux dont étaient faits les vêtements, les tipis et les wigwams algonquiens. Leurs artisans peignaient des formes réalistes, tels des animaux, mais aussi des formes géométriques symboliques. Le triangle représentait la divinité, le cercle figurait le temps et d'autres lignes variées renvoyaient aux éléments : l'eau, la terre, l'air et le feu.

Pour faire ce travail, il existait une gamme de teintures naturelles à base végétale ou minérale. Outre le rouge vif, qui exprimait le renouveau de la vie et la continuité de la force vitale tant chez les humains que chez les animaux, les Amérindiens utilisaient le noir, le jaune et le bleu.

Les pots et les paniers

Les pièces de poterie fabriquées par les peuples iroquoiens étaient habituellement montées à la main par enroulement ou modelage. Les pots étaient ensuite décorés de motifs géométriques et figuratifs gravés dans la glaise.

Quant aux contenants en écorce de bouleau, ils étaient souvent décorés de feuilles ou de fleurs et parfois d'animaux sauvages. On gravait ces motifs dans l'écorce à l'aide d'un couteau. Une autre spécialité amérindienne, la vannerie, consistait à fabriquer des paniers tressés avec des racines d'épinette et d'autres fibres végétales. On décorait ces paniers de piquants de porc-épic.

- As-tu déjà vu de beaux objets de tradition amérindienne ? Décris-les.

- Quel objet aimerais-tu fabriquer à la manière des Amérindiens ?

Lis ce texte qui présente une œuvre grandiose de la ville de Québec.

La Fresque des Québécois

La Fresque des Québécois orne une maison de la place Royale, une portion du Vieux-Québec qui fait partie du patrimoine. Samuel de Champlain, qui fonda la ville en 1608, vivait en effet à cet endroit.

Curieusement, vue de proche, la peinture ressemble à un brouillon aux contours flous et aux lignes maladroites. Mais il s'agit d'une habile technique de trompe-l'œil qui vise à donner du relief et du mouvement à une scène qui, autrement, aurait pu avoir l'air figé.

Bien intégrée au décor, la fresque représente des architectures typiques et des personnages historiques du Québec. En présentant Samuel de Champlain, Jacques Cartier, François de Laval, Louis-Joseph Papineau et Alphonse Desjardins,

entre autres personnages, la fresque veut nous rappeler nos origines et notre parcours. Ce projet de grande envergure a nécessité de sérieuses recherches. Les artistes ont fait beaucoup de maquettes à petite échelle, puis d'innombrables calculs pour que le grand dessin donne le même effet que le miniature.

Pour réaliser cette œuvre de 420 mètres carrés de surface, il a fallu 600 litres de peinture, 200 pinceaux, 120 rouleaux, 50 couleurs et 350 tons de couleurs !

- Que penses-tu de l'idée de peindre sur des murs d'édifices ?

- Qu'aimerais-tu que des artistes peignent sur un mur près de chez toi ?

Lis ce texte sur un personnage qui a fait bouger les choses en Nouvelle-France.

Jean Talon

Jean Talon a été le premier intendant de la Nouvelle-France. Responsable de la justice, du commerce et du développement économique de la colonie, il a exercé ses fonctions de 1665 à 1668, puis de 1670 à 1672. Dès le départ, il s'est donné pour objectif de développer de façon durable la jeune colonie française d'Amérique.

Peupler la Nouvelle-France

Conscient que la faiblesse de la population était un frein au développement de la colonie, Talon a pris d'énergiques mesures pour résoudre ce problème. Il a d'abord encouragé les officiers et soldats du régiment de Carignan-Salières à s'établir en Nouvelle-France en leur concédant des terres, et il a fait venir de France environ 800 jeunes filles à marier, les « filles du roi ». Il a aussi pris diverses mesures pour encourager la natalité, en accordant notamment une allocation aux familles de dix enfants et plus. Quand il est reparti en France, en 1672, la population de la colonie avait doublé et se chiffrait à 6700 personnes.

Cette magnifique carte représente le peuplement seigneurial de l'île de Montréal en 1702. Son long titre montre bien dans quel esprit elle a été dessinée : « Description générale de l'isle de Montréal Divisée par costes où sont Exactement marquées toutes les distances de place en place, les noms de chaque habitant, la quantité de terre qu'ils possèdent tant de front que de profondeur, les forts, Églises et Moulins, le tout de suitte avec le Meilleur Ordre que l'on a peu ».

Développer l'agriculture

Talon s'est efforcé d'augmenter la superficie des terres cultivables. En 1671, il annonçait fièrement au roi que la colonie avait produit un surplus de blé. Il a aussi développé l'élevage en faisant venir de France des chevaux, des porcs, des moutons et des animaux de basse-cour. Il a encouragé les colons à cultiver du lin pour faire des voiles de bateaux, du chanvre pour faire des cordages, du houblon et de l'orge pour brasser de la bière. L'intendant souhaitait que les colons puissent produire eux-mêmes tout ce dont ils avaient besoin pour survivre.

Découpage type d'une seigneurie en Nouvelle-France. De chaque côté du domaine seigneurial, on avait délimité des bandes de terre longues et étroites perpendiculairement au fleuve ou à la rivière. Ainsi chaque colon, appelé « censitaire », avait directement accès au cours d'eau, qui fut pendant longtemps la principale voie de transport. Une partie de la seigneurie, appelée « terre de la fabrique », était réservée à la construction de l'église. Un des avantages de ce découpage était de rapprocher le colon de ses voisins immédiats avec lesquels il développait de puissants liens d'entraide.

Des seigneuries pour défendre le territoire

Talon a concédé de vastes étendues de terre pour développer l'agriculture, mais aussi pour assurer la défense du territoire contre les attaques des Amérindiens, des Iroquois en particulier. C'est dans la grande région de Montréal, la région la plus menacée, qu'il a concédé le plus grand nombre de terres, appelées « seigneuries ». Sous l'administration de Talon, 25 officiers du régiment de Carignan-Salières se sont vu attribuer des seigneuries qui sont à l'origine de plusieurs villes et villages : Sorel, Berthier, Boucherville, Contrecœur, Varennes, Verchères, Longueuil, etc. Sur ces seigneuries, les colons ont construit des forts dans lesquels ils pouvaient se réfugier en cas d'attaques iroquoises.

Une des obligations du seigneur envers ses censitaires était de construire et d'entretenir un « moulin banal » où les colons pourraient faire moudre leurs grains moyennant redevance.

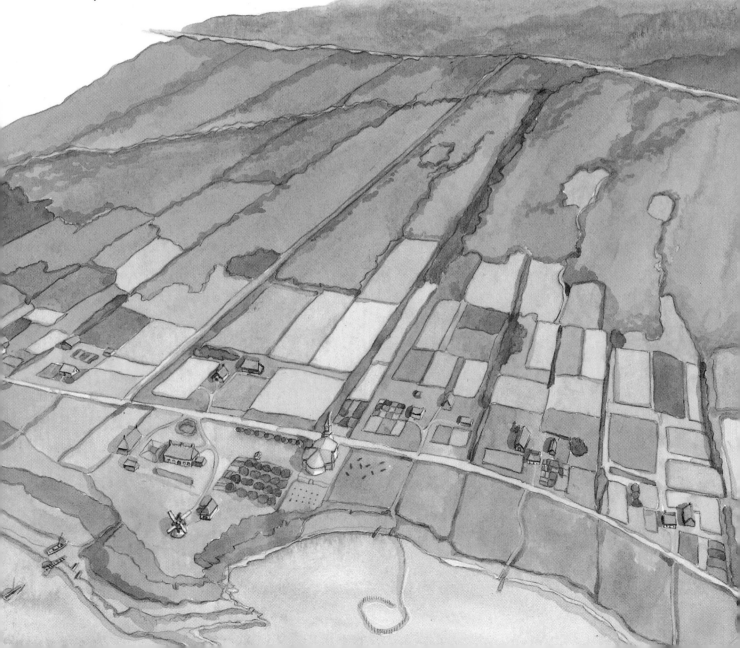

Développer l'industrie

Talon a déployé de grands efforts pour développer l'industrie. Il a notamment mis sur pied une fabrique de chaussures, une fabrique de chapeaux, une grande tannerie pour tanner le cuir et une brasserie. À la demande du roi, il ouvrit aussi un chantier naval près de Québec. C'est que le bois, qui était rare et cher en France, abondait en Nouvelle-France. Talon ordonna donc aux colons de réserver les chênes, ormes et merisiers à la construction des bateaux. Un navire de 400 tonneaux mis en chantier en 1670 fut achevé en 1673. En 1671, on projetait de construire un navire de 800 tonneaux, mais le projet fut finalement abandonné.

Talon voulait que la jeune colonie exporte en France, la métropole, beaucoup de produits manufacturés. Cela n'a malheureusement pas pu se faire, car les frais de production et de transport étaient trop élevés. Mais, grâce à ses efforts, la Nouvelle-France est devenue moins dépendante de la mère patrie. En 1671, l'intendant écrivait avec fierté au roi : « J'ai des productions du Canada de quoi me vêtir du pied à la tête. »

Ce texte te présente un personnage historique qui parla par la bouche de ses canons !

Frontenac, le sauveur

En 1689, la France était en guerre contre l'Angleterre et plusieurs autres pays européens. Le roi de France, qui savait que sa petite colonie d'Amérique était menacée par la Nouvelle-Angleterre, envoya pour la défendre un homme expérimenté et déterminé : le comte de Frontenac.

Le 16 octobre 1690, une flotte de 34 vaisseaux commandée par l'amiral William Phips commença le siège de Québec. Phips envoya un émissaire à Frontenac pour lui demander de capituler. Frontenac, qui le reçut entouré de ses officiers, lui lança alors cette phrase devenue célèbre : « Dites à votre maître que je lui répondrai par la bouche de mes canons. »

Phips se décida à passer à l'attaque le 18 octobre. Il fit débarquer plus de 1400 hommes sur la côte de Beauport. Mais 350 miliciens leur firent une lutte féroce qui les effraya. L'amiral Phips décida de bombarder la ville, mais l'artillerie des vaisseaux était trop faible pour la hauteur des retranchements de la ville. La plupart des boulets ne réussirent à atteindre que le cap Diamant ou les palissades, laissant presque intacts les bâtiments de la ville.

Bien positionnés sur des hauteurs, les canons des Français atteignirent sans peine les vaisseaux de la flotte ennemie. Après trois jours d'un combat inégal, Phips dut battre en retraite. Il avait perdu dans l'aventure plusieurs vaisseaux et plus de 900 hommes. Chez les Français, il n'y eut que six morts. La victoire était totale.

Accueilli en sauveur par une population démoralisée par les incessantes attaques iroquoises, le comte de Frontenac a réussi à défendre la Nouvelle-France contre les cinq nations iroquoises et contre les colonies anglaises. Il a sauvé l'empire français d'Amérique.

● Qu'aimerais-tu savoir de plus sur la vie de Frontenac ?

Monseigneur de Laval

Ce portrait a été réalisé en 1672 par le frère Luc Le François, un des premiers peintres de la Nouvelle-France. Il représente Monseigneur de Laval, le plus haut dirigeant de l'Église catholique de Nouvelle-France de 1658 à 1688. Après avoir recruté des prêtres en France, Monseigneur de Laval fonda en 1663 le Grand Séminaire de Québec pour former de nouveaux prêtres. Grâce à lui, les paroisses se multiplièrent, passant de 3 en 1659 à 25 en 1681. Pendant toutes les années qu'il passa en Nouvelle-France, Monseigneur de Laval s'opposa farouchement à ce que les colons fassent le commerce de l'alcool avec les Amérindiens. Cela provoqua de graves disputes avec les intendants et gouverneurs de la colonie.

> Tu sais que je m'intéresse beaucoup au passé et aux histoires des Anciens.
> Mais aujourd'hui, j'aimerais te parler du futur.

Le futur simple

● Le futur se forme de façon bien simple. Observe.

	Infinitif	Finales du verbe *avoir* au présent
J'	aimer	ai
Tu	décider	as
Il / Elle	finir	a
Nous	grandir	ons
Vous	manger	ez
Ils / Elles	réussir	ont

> Tu vois comme c'est simple. Il te suffit de trouver le nom du verbe,
> c'est-à-dire son infinitif, puis d'ajouter les finales du verbe avoir au présent.

● Il arrive qu'on n'entende pas au futur le **e** de certains verbes dont l'infinitif se termine par **er**. La règle de formation reste la même, mais il ne faut pas oublier ce **e** muet.

oublier   j'oubli**e**rai
saluer   tu salu**e**ras

● Plusieurs verbes ne suivent cependant pas cette règle. Ils ne forment pas leur futur à partir de l'infinitif. On dit que ce sont des verbes irréguliers. En voici quelques-uns parmi les plus courants.

aller	→ j'irai		valoir	→ je vaudrai
prendre	→ je prendrai		être	→ je serai
avoir	→ j'aurai		voir	→ je verrai
savoir	→ je saurai		faire	→ je ferai
devoir	→ je devrai		vouloir	→ je voudrai
tenir	→ je tiendrai		pouvoir	→ je pourrai
envoyer	→ j'enverrai			

Je vais te parler ici d'une forme de futur que tu emploies constamment sans peut-être t'en rendre compte.

Qu'observes-tu dans ces exemples ? On exprime un fait ou une action qui se réalisera très prochainement. C'est ce qu'on appelle le futur proche.

Le futur proche

Je vais organiser une galerie d'art.

Tu vas venir la voir.

Nous allons être ravis de nous retrouver ensemble.

- Le futur proche est formé du verbe à l'infinitif précédé du verbe **aller** conjugué au présent.

Aimer	Finir
Je vais aimer	Je vais finir
Tu vas aimer	Tu vas finir
Il / Elle va aimer	Il / Elle va finir
Nous allons aimer	Nous allons finir
Vous allez aimer	Vous allez finir
Ils / Elles vont aimer	Ils / Elles vont finir

Lorsqu'il fait partie d'un groupe du nom, le participe passé s'accorde tout comme un simple adjectif. On dit alors que c'est un adjectif participe. Il prend le genre et le nombre du nom qu'il accompagne. Observe.

L'adjectif participe

Marie, Gabriel et la colombe sont des **personnages** **sacrés.**
   nom m. pl.   adj. part. m. pl.

Marie a les **mains** **levées.**
   nom f. pl.   adj. part. f. pl.

> Tu sais déjà comment employer les pronoms pour éviter les répétitions.
> Je te propose ici d'autres moyens pour y arriver.

D'autres façons d'éviter les répétitions

Voici d'autres mots qui peuvent remplacer des mots ou des groupes de mots dans la phrase.

- Un **adverbe** peut à l'occasion servir de mot de substitution.

  Ses toiles ont d'abord été exposées dans une galerie d'art de Québec. C'est là qu'il s'est fait connaître.
  adverbe

- Un **synonyme**, c'est-à-dire un mot qui a le même sens qu'un autre mot.

  Dans le bateau, elle fit l'inventaire des mille trésors étalés dans la cale. Lorsqu'elle remonta sur le pont, le navire était loin du port.
  synonyme

- Un **générique**, c'est-à-dire un mot qui a un sens plus général que le mot qu'il remplace.

  Vous pourrez admirer des œuvres de peintres et de sculpteurs de la région. Ces artistes seront heureux de vous rencontrer.
  générique

- Un **groupe du nom** qui résume une phrase ou une partie de phrase.

  Le bateau débordait de ravissantes pierreries, de délicats services de vaisselle, de magnifiques coffrets et de splendides tissus finement brodés. Voir toutes ces richesses comblerait la jeune fille de bonheur.
  groupe du nom

- Un **groupe du nom** qui vient se substituer à un seul mot.

  Le roi et sa bien-aimée planifiaient leur majestueux mariage. Puis le grand jour vint.
  groupe du nom

Je te présente ici une façon simple
d'augmenter énormément ton vocabulaire.

La formation des mots

● Pour former des mots, on peut ajouter des éléments plus petits
à des mots déjà existants. Les nouveaux mots ainsi formés sont
appelés **mots dérivés**. Les éléments ajoutés au début du mot sont
des **préfixes**. Ceux qui sont ajoutés à la fin du mot sont des
suffixes. Observe.

Préfixe + mot de base = mot dérivé

dé	+	faire	=	**dé**faire
re	+	voir	=	**re**voir
extra	+	ordinaire	=	**extra**ordinaire
mal	+	chance	=	**mal**chance
sur	+	chauffer	=	**sur**chauffer

Mot de base + suffixe = mot dérivé

vive	+	**ment**	=	vive**ment**
jardin	+	**age**	=	jardin**age**
aimer	+	**able**	=	aim**able**
pâle	+	**eur**	=	pâl**eur**
fleur	+	**iste**	=	fleur**iste**

● Certains mots peuvent être formés en ajoutant à la fois un préfixe
et un suffixe.

Préfixe + mot de base + suffixe = mot dérivé

in	+	classer	+	**able**	=	**in**class**able**
ex	+	porter	+	**ation**	=	**ex**port**ation**
re	+	commencer	+	**ment**	=	**re**commence**ment**
dé	+	laver	+	**age**	=	**dé**lav**age**

Connaître la signification des préfixes et des suffixes m'aide à mieux comprendre les mots.
Par exemple, comme je sais que le préfixe in a souvent une valeur de négation
et que le suffixe able indique une possibilité ou une capacité,
je déduis que le mot *inclassable* signifie « qui ne peut pas être classé ».

Pour apprendre l'orthographe d'usage

- **Entre les mots dans ta mémoire.**

  ap / pro / cher   a-p / p-r-o / c-h-e-r

  a / beille   a / b-e-i-l-l-e

- **Pense aux différentes façons d'écrire les sons.**

  auto gâteau faux

- **Observe les difficultés particulières de certains mots.**

  approcher hacher

- **Rappelle-toi l'orthographe particulière de certains sons.**

  champion jambe agir guérir

- **Aide-toi du féminin pour trouver la finale au masculin.**

  ronde/rond mauvaise/mauvais méchante/méchant

- **Rappelle-toi la formation du féminin de certains noms et adjectifs.**

  champion /championne   ouvrier/ouvrière

  directeur / directrice   neuf /neuve

- **Compare des mots de même famille.**

  proche, prochain, prochaine, prochainement

- **Pour chaque mot dont tu doutes, consulte un dictionnaire ou ta liste orthographique.**

Pour apprendre l'orthographe grammaticale

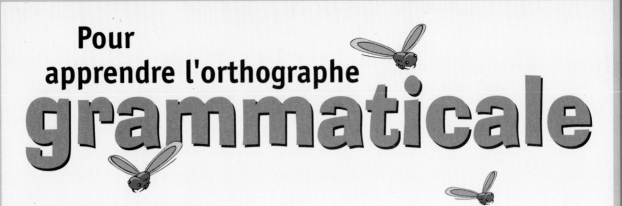

- **Vérifie si tes phrases sont complètes et bien construites.**

  Les deux groupes obligatoires de la phrase

  groupe du nom sujet — groupe du verbe

  Iki-Touk   *a un grand sens de l'humour.*

- **Vérifie la ponctuation.**

  J'aime faire du vélo, nager dans la piscine, jouer à la balle et courir dans les sentiers.

- **Fais les bons accords dans tes phrases.**

  ### Accorde les mots dans le groupe du nom.

  Repère le nom, qui est le noyau du groupe du nom. Interroge-toi sur son genre et son nombre. Vérifie si les déterminants et les adjectifs qui l'accompagnent ont le même genre et le même nombre que le nom.

  Ces jolies fleurs coupées se fanent vite.
  féminin pluriel

  ### Accorde les verbes.

  Repère le sujet dans le groupe sujet et le verbe dans le groupe verbe. Relie-les et interroge-toi sur la terminaison du verbe. Utilise au besoin des tableaux de conjugaison.

  Les | Ankorois | connaissent les matériaux.
  ils